U0006917

36則讓你有態度、不委曲，
深諳世故卻不世故的世道智慧

慕顏歌——著

「你的善良，必須有點鋒芒，否則等於零。」

——美國・愛默生

目錄

Chapter 4 你有多好，他就有多壞

有時候，我們要對自己殘忍一點，不能縱容自己傷心失望。有時候，我們要寬容，但切勿縱容，要學會說「不」。

Chapter 5 你沒那麼堅強，但只能獨自堅強

傷害你的人，從來沒想過要幫助你成長，真正讓你成長的，是你的痛苦和反思。經歷本身沒有特殊的意義，讓它變得有意義的，是你的堅強。

Chapter 6 可以替人著想，但要為自己而活

人生最遺憾的莫過於，輕易地放棄了不該放棄的，固執地堅持了不該堅持的。

得到的是僥倖，失去的是人生

一個人能依照自己喜歡的方式去過一生，那是一件非常困難的事情。我們無時無刻不被外界的聲音指指點點，時間久了，便會忘卻初心，失去了獨立思考和堅持自我想法的能力。

比起一句溫柔的安慰，我想我們更需要一盆冷水。它會讓我們清醒地意識到自己的壞脾氣、自己的小格局、自己的低 EQ，還有我們自己看不清，而別人卻看得一清二楚、不願意告訴我們的一切問題。

在寫這本書的那些日子裡，我一遍遍地重覆播放張懸的那首〈關於我愛你〉：

我懂活著的最寂寞，
我擁有的都是僥倖啊！
我失去的都是人生……

正如這首歌的歌詞所說的，百分之八十的人，心境其實是相似的。每個人心裡都有一個死角，藏著最深的祕密。

隨著我們長大，越不信賴溫柔的安慰；我們越長大，越覺得直白和坦誠更為重要。同樣的，在這本書裡我想說的是，雖然全是老道理，但是對你來說，也許都是新的問題。如果你看了幾篇之後，覺得書裡有自己的影子，也不足為奇。當你困頓、迷惘時，剛好看到這本書，希望你能從文字裡汲取力量，不要向這個世界繳械投降。

張愛玲曾經寫過一篇文章叫做：〈非走不可的彎路〉。她站在青春的路口，她的母親攔住她說：「此路走不得，我以前走過。」她不信，覺得母親能從那條路上走過來，自己為什麼不能？於是，她堅持走上那條路，母親只好嘆氣：「一路小心。」

當她真的走上那條路時，發現母親沒有騙她，那條路真的難走。最後，當她拚了命努力，一路堅持，終於走出來的時候，看到一個年輕人正站在自己當年站的那個路口，她忍不住像母親那樣喊著：「那條路走不得！」年輕人跟當年的她一樣，非走不可，於是她只好說：「一路小心。」

我寫的也是這樣一本、只告誡卻不勸阻，最後只說一句「一路小心」的書。文字讀來通俗簡單、易懂，每個人隨時都可以停下手邊的工作讀上個兩頁。內容也許沒有許多朗朗上口類似格言警句的話語，但是無論你是誰，我希望總有那麼一兩個句子能夠點破你的處境，刺痛你的心，鞭打你的神經。

也許正是一種得到的僥倖，一種深諳世事而不世故的智慧。

在那篇文章中，張愛玲還說：「在人生的路上，有一條路每個人都非走不可，那就是年輕時候的彎路。不摔跟頭、不踫壁、不碰個頭破血流，怎麼練出鋼筋鐵骨，又怎能長大呢？」

人生是一個試錯的過程，成長也不例外。該做些什麼、走什麼樣的路，每個人都遵循著內心的聲音，一步步摸索著。摔倒了，爬起來；撞破頭，往後退；走岔路，走回來；迷路了，停下來……

面對年輕人，過來人不要患上「攔路癖」，因為攔住他也沒有用，只能跟他說一句：「一路小心。」每個人的人生都不同，每個人的人生都要自己過，每個人都有需要自己獨立去完成人生的功課。

因為經歷，所以懂得。

願天下所有不懂和懂得的人，成長不止，善良依舊！

前言

你當善良，且有力量

一個人越是善良，待人的底線應該越高。
這樣才能避免縱容他人，也能保護自己。

我有一個在北京做幼教的朋友，經常一大早就要奔波在不同的城市跑業務。這天一大早，我習慣性地打開微信，果然他早早地就發了一篇文。

然後，我看到了這麼一段文字：

我上氣不接下氣地趕上最早的一班列車，後背全濕透了。好不容易找到自己的座位，一位年過八旬的爺爺已經坐在那裡。

「爺爺，這個座位不是您的吧？」

「嗯，走得急，我買的是站票。趕上哪裡就坐哪裡吧。」

「爺爺，您在哪一站下車啊？」

「沒多遠，石家莊。我的運氣不錯，火車都快開了，這個座位還沒有人。」

我欲言又止，最後默默地離開，就讓爺爺安心地坐著吧。

人性中蘊藏著柔軟而有力量的情愫——善良，可以讓缺乏信任的陌生人放下心中的戒備。正如羅佐夫所說的：「人類感人肺腑的善良暖流，能醫治心靈和肉體的創傷。」

善良是一種良知、一種本性，它立足於道德之上。然而，我也不只一次見過一些場景。比如，老師給學生的評語是「他很善良」，沒有想到，家長不以為意地回應：「現在這個社會，善良有什麼用啊？最沒本事的人才善良呢！」

我想說的是，不是善良不好，是我們今天對待善良的方式不對，以至於有一段時間，微信朋友圈流傳著愛默生的名言：「你的善良，必須有點鋒芒，否則就等於零。」這句話一下子就戳中了許多人的痛點。

我認識一家人。他們從不跟人起正面衝突，也從不輕易開口找人幫忙，卻樂於幫助他人。他們把「我理解，我懂」當作口頭禪，對他人的要求從不拒絕，結果往往慣縱了他人，為難了自己。所以，我對「善良必須有點鋒芒」的理解是，一個人越是善良，待人的底線應該越高。這樣才能避免縱容他人，也能保護自己。

我再說一個朋友的故事。

我的朋友在證券行工作，人看起來很溫婉，溫婉當中卻又藏著一股力量。她做事認真，為人處世也異常得體。比如，遇到同事向她尋求幫助，她會先瞭解具體的情況，然後說：「我很想幫你，但要是幫你，就是害了你。這些事都是你必須要學的。所以，你可以自己處理，我相信你可以做得到。」

她說這些話的時候，態度誠懇，語氣也十分真誠，同事聽了之後絕不會怪她，反而事後很感激。

遇到有人向她借錢，一般情況下，她在不瞭解對方意圖之前，會不緊不慢地說：「這樣啊，我先回家和家人商量一下，好嗎？」

等瞭解具體情況之後，如果對方是想投資，她會回絕：「抱歉，我對投資實在不懂，我只能拿出一點點錢，實在也發揮不了什麼作用。而且，我們家裡的情況你也知道，有老有小，必須要留儲備金，沒有餘力幫你太多。我相信你也會理解的。」

一般而言，對方就不會再糾纏，也不會覺得面子上過不去。如果對方真的急需用錢，她會答應借錢，還會事先跟對方講好還款的期限和方式。她認為這樣對自己、對別人都是負責任的做法。我知道她當初借錢給她在墨爾本的妹妹買車的時候，也是先幫妹妹做了一個還款規劃，告訴她什麼時候應該換新工作，然後什麼時間開始存錢，在什麼時間開始還錢。她認為這樣既幫了妹妹，也是協助妹妹的成長。

一開始，有一些同事、同學或親友會覺得，她這個人過於冷靜和理性，不是那麼率真、爽快，甚至有些人覺得她待人有些冷淡。但是，我卻觀察到她這樣做是對的。這些年來，雖然她也拒絕了一些人的要求，可是人緣一直很好。身邊的人都覺得她是一個可靠的人，非常值得信賴，所以遇到困難都願意向她求助。完全不同於我認識的那家人，一昧善意助人卻費力不討好。

你可以善良，但是請不要無謂的善良。如果經過歲月的磨練，你稍微修練出一些鋒芒，反而可能游刃於人際，更從容地生活。

我已經明白了，所以我希望更多善良的人，都能懂得善良的智慧。否則我們只能把自己憋成內傷。因為這個世上，有太多所謂的低能善良。

比如，缺乏常識的善良——好心的老太太為生病的朋友推薦各種「偏方」、心懷慈悲的人把海龜帶到公園的池塘去放生。

比如，不同情受害者只同情弱者的善良——你有一個不做家事、亂丟垃圾的嬌室友，你忍無可忍發飆之後，別人卻勸你要對室友寬容一點。

比如，用妥協忍讓的方式表達「都是為了你好」的善良——某人的丈夫喝酒賭博，還沙文主義，有一天他出軌了，卻有人來勸他老婆說：「好歹夫妻一場，還是原諒他吧。」

比如，無止境的幫助卻帶來反效果的善良——升米恩，斗米仇，不願將醜話說在前

頭，結果不斷借錢給親戚幫他們渡過難關，卻在要回借款的時候與他們反目成仇。

我不能為善良下一個定義，但是，善良不善良，你要自己學會去選擇。

生活不是用來妥協的，你越退縮，喘息的空間就越少；日子也不是用來將就的，你越卑微，幸福就離你越遠。你無須把自己的姿態擺得太低。屬於你的，就要積極爭取；不屬於你的，也請果斷放棄。不想做的事，不必勉強自己去做；忍了很久的事，不必一而再、再而三地忍下去。

不要再讓別人來踐踏你的底線。一味地忍讓或取悅，那不是善良，而是你不想承認的懦弱。也別做別人不喜歡、不會感激，你自己做不好也不愛做的所謂的善行。

只有挺直了腰桿，這個世界才會給你屬於你的一切。如果你的生活只是對世界察言觀色，然後滿足於眼前的苟且，如果身邊的人總是忽視你的存在，如果你的被認同是靠委曲求全，那麼請記住：你當善良，且有力量。

Chapter 1

你以為的善良，其實只是懦弱

如果你習慣了吃虧，
習慣了沉默，
習慣了委曲求全，
習慣了不拒絕別人，
你便會忘記其實你可以有態度，
可以有觀點，
可以有能力，
可以過你想要的生活。

與其明哲保身，不如立場鮮明

問題在於，我們混淆了明哲保身和懦弱的界限。

我常在想，我們生活在一個由人構成的群體環境，不得不將精力用來處理人際關係的問題。本來溝通是為了消除隔閡，增進瞭解，透過配合彌補單一力量的缺陷，最大限度地發揮力量。

然而現實中我們看到的，卻是彼此抱怨或人為設置的障礙。總有一些人似乎站著說話腰不疼，毫不顧及自己的言論，其實只會讓壞人更加無所顧忌，讓好人明哲保身，活生生地將善良逼成了怯懦。

於是，我們常常會面對一群好人欺負另一個好人，其他好人卻坐視不管的現象。比如：醫患間的緊張關係，讓許多本性善良的醫生只好選擇少做少錯，處理病情時瞻前顧後，醫術也沒有提高，最後的結果就是：不利於病人的及時救治。

前一陣子，我在網路上看到一則關於產婦憂鬱症的文章。發文者講了一個患憂鬱症的產婦殺死孩子之後，絕望自殺的悲劇。看的時候，我的心情十分沉重。隨後看到有一堆人轉貼，其中夾雜了各種無意義的指責。

有人說：「不就是生個孩子嗎？哪來那麼多事？當初，我不知不覺就生了。」

有的人責備自殺的產婦心理變態，因為她當初生孩子感覺很快樂。

面對這些人和他們的言論，我真的很無語，本來大家要討論的是產前／產後憂鬱應該關注的話題，引導大家關心這群人。沒想到引來一大群人用自己的正確來反證產婦的錯誤，也許他們是正確的，但是，從中卻反映出他們對生命的漠視，這恰好是人性中最大的惡。

我從中看到的還有更大的悲哀。首先，不能武斷說這些人就是本性壞，不是好人，有可能這些人完全無法明白別人的感受。每個人的情況各不相同，當事人生活中所經歷的某些困境和打擊，對這些評論者來說或許並不是雞肋，因此，他們會推測若同樣的事情發生在自己身上，不會造成多大的實質性傷害，所以他們對產婦的行為表示不理解。

於是，他們動不動就評論：「那些事情我也經歷過啊，沒那麼難啊！」、「我們也感受過啊，沒那麼痛啊！」他們只相信自己的感受，如果別人的感受與他們不同，反應太過強烈，便認為人家有病，表現得軟弱了，便認為人家矯情。本來我還想說個兩句，我們應該關注的是產後憂鬱這個現象，而不是對產後憂鬱的人橫加指責，一想到那些人的極端、偏執，便覺得多說無益，就放棄了。

透過這件事，我也在反思，為什麼**生活中總會遇到一些從未真正解決的沉默困局**。

按理說，中國人的聰慧從來不遜於其他種族，其中難免魚龍混雜，一些生存智慧，除了向來我們引以自豪的勤勞能幹、善良包容，還不難發現一些市儈哲學、投機思想。比如，韜光養晦，這本是一個具有智慧的詞語，現在卻變成了該怒吼時不怒吼，該出手時不出手的犬儒主義代名詞。

我也是其中一員，所以明明看到了那個論壇的謬論，最後還是選擇了退避三舍，不敢理直氣壯地表達自己的立場。

從古至今，只要人多的地方，「劣幣驅逐良幣」的狀態都普遍存在。最終的結果往往是，不講規則，肆無忌憚，真正善良的人反而不能說話。因為一說話，不管對不對，都會遭到排擠。

我們選擇趨利避害的生存智慧本沒有錯，**問題在於，我們逐漸混淆了明哲保身和怯懦的界限**。比如，看到馬路上一位美豔的女司機被男人毆打，你身為路人該怎麼辦？看到一個老實的孩子被同學圍毆，你身為路人又會怎麼想？

雖然被問到這類的問題時，我們可以毫不費勁地把自己代入那個情境，去想像自己的情緒反應和生理反應，然後給出一個傾向道德標準的回答。然而事實是，大多數的人會選擇保持沉默。沒遇到事情時，一切都不是問題，一旦身臨其境，可能所有的節操都支離破碎。

不是所有善良的人都能經得起壓力的考驗，正如電視劇裡的叛徒說：「雖然我失去了尊嚴，但是我還活著。」（而烈士則會說：「雖然我死了，但還保有尊嚴。」）

當你越常選擇明哲保身，就不要怪你在別人的眼中漸漸地喪失了立場。好好先生的評語，也許是朋友、同事對你的誇讚。本來你覺得還不錯，如果有一天，你得知馬路上那個被追打的女人是你妻子，校園裡那個被圍毆的孩子是你兒子，你是不是還要裝睡下去？你是不是希望社會上這種好好先生少一些？

我相信，每個人內心肯定有一個壓抑的自己，他一定在渴望著：行事但求無愧於心。論是非，不論利害；論順逆，不論成敗；論一世，不論一時。

你那麼好說話，其實是沒原則

你那麼容易受人指使，其實是錯把沒原則的寬容當胸懷。

你從小被人稱讚：「性格好、沒脾氣、文文靜靜。」雖然你沒有很喜歡，但也不會想太多。**等你工作了幾年，在人際交往中一次次地受傷，你可能會覺得，還是本性善良、但個性鮮明又會發脾氣的人，過得比較好。**

雖然你儘量避免與他人起衝突，雖然你的朋友也不少，雖然有些事在別人看來就該生氣，而你卻覺得沒什麼，但是你終於慢慢地發現，這樣的你讓別人不知道你的原則在哪裡，而變得不再重視你、珍惜你。

季小堂打電話給前同事，前同事說：「真懷念你啊！你走了，天氣這麼熱，都沒有人幫我買可樂了。」這一句話讓季小堂的心情跌到了谷底。

季小堂剛進公司的時候，為人熱情大方，大家都喜歡找他幫忙，而季小堂從來都是來者不拒。平時他總是早早地就到公司，打掃辦公室。聽到誰說一句：「我沒吃早餐，好餓呀！」他就會主動拿出自己的餅乾送過去。有時，假日還會幫同事收快遞或處理工作。炎炎夏日，他經常帶冰鎮的可樂來公司分給大家喝。

隨著工作量漸漸地增多，季小堂無法再像以前一樣幫同事了，抱怨聲卻隨之而來，有的人還當面尋他開心：「小堂堂，趕緊去倉庫領一包影印紙，我們等著用！」礙於情面，季小堂還是默默地照做了。

後來，主管開始吩咐季小堂做一些工作之外的雜事。比如，去車庫幫他搬東西。結果，季小堂才剛出辦公室大門，就被出差回來的經理撞了個正著。經理問季小堂去幹什麼。為了不給主管添麻煩，季小堂就說去購買辦公用品。結果經理不知從哪裡得知了事情真相，就把季小堂叫去辦公室訓了一頓，說他身為人事部行政人員，連誠信兩字都做不到，又怎麼能管理其他人呢。

季小堂無言以對，遞交了辭職，背著好人二字的他，丟了工作。

人在職場，很多人也會遭遇到類似有苦難言的情景。上司把很多跑腿的事情交給你，你會糾結於，他是重視你、想跟你親近呢，還是覺得你好說話？同事故意說話刺激你，你會想他是覺得你好脾氣、不會生氣呢，還是利用你好欺負，發洩他的憤懣？

有時候，你甚至會懷疑自己：**說好聽一點，是性格好、沒脾氣，說得難聽一點，就**

是沒主見。

你在任何場合都微笑示人，人家可能覺得你沒個性，下意識地就開始輕視你。你對朋友有求必應，放棄自己的安排，滿足他們的邀請，等下次你不答應的時候，人家便覺得你不夠意思。你心無城府，多次借錢給同事也不好意思催帳，結果他們習以為常，你倒是被逼入兩難的境地，要錢嘛，怕傷感情；不要錢嘛，又白白遭受損失……

就像季小堂，**他那麼容易被人指使，無非是錯把沒原則的寬容當胸懷，所以不懂得拒絕。**他是喜歡照顧別人來確定存在感的那種人，所以往往既不好意思拒絕別人，又害怕被別人拒絕。於是，心裡想說「不」的時候，卻言不由衷地冒出「好」，生怕直接說出「不」，會傷了自己的自尊，也對不起別人。

其實，自尊取決於我們是否能夠接納和喜歡自己。不願意說「不」、害怕傷害別人的人，通常也很在意被別人拒絕。這類人容易把被拒絕，理解成別人對自己不喜歡、不重視，甚至不尊重，更糟糕的是，隨後也會覺得自己似乎沒那麼重要或者沒那麼好。而這種拒絕激起的無力與無能感，隨之引發憤怒、傷心的情緒。他們總是寧願委曲自己，成全別人，難怪會活得那麼糾結。

這樣委曲自己，強迫自己的背後，並非真正心甘情願，而是隱藏著一個「你也不要拒絕我」的心理期望。因為害怕被別人拒絕，所以不敢拒絕別人。又因為身邊的每一個人都希望得到不被拒絕的善意，於是我們開始失去原則，無底線地向身邊的人和事妥協，甚至最後我們也開始討厭太過殷切關心他人的自己。

就這樣，你在人際交往的過程中，逐漸喪失了原則，被別人發好人卡，你越來越難以把握哪些事是必須堅持的，哪些事是可以寬容的。然後，**你不敢說「不」，不好意思說「不」，不會恰當地說「不」，你被所謂的本性善良裹挾前行，你變得看不清事情，沒主見。**

寬容不等於沒原則，你應該有心胸，也要守住底線。當你能夠從容地拒絕別人，你就會知道大多數時候拒絕並不是有意傷害，相反的只是誠實地表達自己的意願。

回想一下，不管是家人還是自己最好的朋友，對你提出大大小小的要求時，你有說不的時候嗎？即便嘴上沒說，但心裡卻不樂意嗎？你是否認為，如果你拒絕了他們，就說明你不愛他們或者不在乎他們嗎？

反過來想也一樣，別人即使在某件事情上拒絕了你，並不等於他們不在意或不看重你，只是他們真的不願意或根本無法做到。

允許自己拒絕別人，才能真正接受別人對自己的拒絕，就如同認定自己有罪的人更懂得寬恕一樣。一個人懂得尊重自己的意願，也常常願意把這樣的尊重給別人。

難以拒絕，可能是因為你覺得只有不斷地順從別人才能彰顯自己的價值。如果我們習慣透過別人來肯定自己，也就活在別人的眼裡和嘴裡。當來自別人的肯定成為必須，與其說我們是在肯定自我，不如說是在否定自我，到最後，你會發現，你已經沒有肯定自己的力量。

建立個人的邊界，確立自己的原則，敢於說出自己的真實意見。雖然在一定程度上會導致我們在剛開始與他人交往時產生不愉快，但是只要我們足夠真誠、態度堅定，他們遲早會認可和尊重我們為人處世的原則。

在不觸碰底線的前提下，一切對錯、好壞、喜歡不喜歡都可以接納、包容、理解。你要做一個讓自己快樂也讓別人欣賞的好人，而不是濫好人。

善良，有時不過是弱者的擋箭牌

什麼時候，善良變成了不用講道理的擋箭牌？
做一個善良的人，比做一個講道理的人輕鬆。

雖然世上很多人都有自私的一面，但我發現身邊很多人，完全不問事情的起緣，就自顧自地站在看起來比較弱勢的那一方，動不動就標榜善良，然後給別人套上「你應該善良一點」的枷鎖。

下面的場景，或許很多人都聽說過，甚至親身經歷過。

你買東西的時候一個年長的人插隊，當你和他理論，身邊就有正義哥站出來說，做人不要太斤斤計較，又沒什麼，讓他一下不就好了。你的工作夥伴事情沒做到位，給你帶來很大的困擾，當你因此發飆的時候，她流淚飛奔出去。那麼，不用半天，你嘴不饒人、把人活活罵哭的名聲可能就傳遍了全公司，然後有一群正義姐會來告訴你，都是同事，你應該大器一點。

「他都那麼可憐了，你就不能善良一點？」

「我已經給你賠笑臉了，你還想怎麼樣？」

真奇怪，什麼時候善良，變成了不用講道理的擋箭牌？

當年我讀大學的時候，曾經與人一起合租。合租的那位算是富家女，據說上大學之前都是住在家裡，連垃圾都沒有倒過。所以從合租的第一天開始，她不打掃房間，不叫瓦斯、不付水電費、不洗碗，更不用說刷馬桶，簡直就像住旅館一樣，她是一位傲驕的公主，而我就是她的服務生。

後來我生病了，在床上躺了一週，她就讓垃圾在家裡堆了一個禮拜。我實在忍無可忍了，爬起來把屋子打掃了一遍，扔掉了所有的垃圾，把堆在水槽裡的碗盤全洗了。結果她帶了外賣回來，吃完之後，照樣杯筷碗盤全堆在水槽裡。

我一下子怒火中燒，發了飆。結果她四處跟人說，我多麼不近人情，她那麼可憐，長這麼大第一次離開爸爸媽媽，本來就什麼都不會，而我從小就獨立生活，什麼都會，卻不肯對她包容一些。於是有同學來勸我：「你應該寬容一點、善良一點。」我哭笑不得。你可以想像，我除了無語，還能解釋什麼？

後來我出了社會工作，我發現這樣的事情越來越多。有些人，根本就沒有獨立思考的能力，只要站在可憐的那一邊就好了，多麼簡單！我想，他們之所以標榜善良又給別人套上善良的枷鎖，**因為做一個善良的人，比做一個講道理的人輕鬆。**

我有個好朋友，談戀愛的時候男友劈腿。幾年之後，前男友和新歡結了婚，似乎過得不幸福，而且還不幸得了病。反正結果就是他來找我的朋友借錢，說是要救命用的。我朋友不假思索就拒絕他了。然後，也有人跑來勸她：「你應該善良一點，無論以前發生過什麼，現在畢竟是救一條命。」

跟我說起這件事的時候，朋友敲著桌子大罵起來。我知道她為什麼要罵。那年，因為他劈腿，兩個人分手，萬念俱灰之下她自殺了，還好家人及時發現，送她進醫院搶救了回來。她自己這條命，也是命！

現在互聯網發達，看得多了，你自然也就明白了。那些新聞評論裡總有人說：「如果有錢，誰會去搶劫呢？」其實這些見別人被搶劫、被欺騙、被背叛、被壓榨，號稱仍舊應該寬容的人，當自己利益被觸犯的時候，往往是最跳腳的那些人。

他們希望這世界上越來越多的人不懂得據理力爭，這樣等他們想要不講道理的時候就沒人反抗了。有些人覺得反正被傷害的又不是他們，正好可以借機宣揚一下，自己有多麼深思熟慮和心懷慈悲。

無知即惡。這世上有些東西，起因比結果重要，但有些事情，真的是結果永遠重要大於原因。比如，傷害他人；比如，侵占他人的利益。

想通了這個道理以後，我就選擇不要將自己的善良送給不講道理的弱者做擋箭牌了。我不再想聽誰說，他是無心之失，他是好心，他只是不知道、不懂，所以我們就應該理解他、原諒他、善意地對待他。

我只要做一個講道理的明白人，我只在意真正的善或者真相。我不想順從某個人的勸說，然後沒有原則地從眾而行，做那個既委曲自己，又縱容「弱即是有理」的人。世上最可笑的，莫過於真正負責任且善良的人，居然因為所謂的善良之名而寸步難行。

醜話講在前頭，並不醜

一直努力成全別人，卻忘記了最應該成全的人是自己。

妹妹想買車，開口跟月入五千元的阿琪借五萬元。阿琪不好意思拒絕，四處湊錢給她。之後每個月阿琪都得勒緊褲帶，精打細算地過日子。苦熬了一年，阿琪還清了欠債。沒想到，妹妹又來找她借錢買房子。

阿琪一怒之下說：「要錢沒有，要命一條。」姐妹大吵了一架，妹妹賭氣賣掉車，將之前借的錢還給阿琪。然後，好長一段時間妹妹都不跟她說話，但是阿琪卻有一種無法言說的解脫感。

你是不是也是這樣，一直在努力成全別人，卻忘記了最應該成全的人是自己？而且，你明明有自己的想法，礙於情面不事先說清楚，導致最後往往是傷人傷己。

有時候，醜話說在前頭，反倒有可能避免事情向不可控的方向發展。更何況，你無須把自己的姿態擺得太低，不想做的事情不必勉強自己去做，一昧地忍讓和取悅，那不是善良，而是懦弱。**在你能力範圍之內，你可以伸手幫忙；超出能力範圍的，要果斷拒絕。**這是一種對風險和責任的確認，沒有人應該為了成全別人的慾望而委曲求全。

現實生活中，很多人不敢說出自己的真實想法，不敢事先把所謂的醜話說給別人聽。就像我的同事張青和李意佳。兩人剛認識不久，張青就今天讓李意佳幫她做 PPT，明天讓李意佳幫她寫企劃案，後天一起吃飯還讓李意佳買單。李意佳其實並不願意這樣被人指使，但苦於不好意思開口，默默忍受了半年，最後實在沒辦法了，只能到公司儘量躲著。結果這樣的行為引發了張青的不滿，她開始故意跟李意佳作對，讓李意佳在公司非常不好做人。

人際關係包括工作關係，我們與人相處也應該先小人後君子，自己不願意承擔的壓力、不願意忍受的委曲，不想獨自面對的問題，在一開始就跟同事講開，才能避免以後的工作因為一些小事引發矛盾。

雖然很多話事先說出來似乎不太好聽，但是可以讓我們的交往回歸理性，消除資訊不對稱所帶來的失望和憤怒。

生活中許多的矛盾，其實都是沒有把醜話說在前頭所引起的。我們顧忌別人的感受，不想讓人難堪、失望，這固然是一種難得的美德，但是如果一味地順從別人，害怕說出自己內心的想法，正說明我們對別人的肯定和贊許過於依賴。換句話說，就是我們缺乏自我肯定和欣賞的能力。因為向內求不得時，就會不顧一切地向外索取，透過不斷地對別人說「是」，來維持一種成癮性的虛假自尊。

還有一種情況，是作為對善意的回報，我們也能得到別人的肯定、感激和認同，然後獲得一定的價值感和存在感。但是，當我們決定順從別人時，實質上存在一種心理暗示：我們不用為自己的行為負責了。不管這樣的決定是不是合理，是不是理性，是不是會產生難以預料的後果。

委曲求全做出各種妥協行為而感到後悔的小莉說，她一直都沒有想過，自己和男朋友的浪漫愛情，竟然有一天差點被打敗。

小莉的家世良好，跟男朋友交往的幾年裡，雙方感情也很好。但是等到論及婚嫁的時候，她發現男方父母對兩人居住的問題避而不談。

本打算和男方共同出資買房子的小莉想著，反正都是一家人了，以後什麼都好說。所以她獨自承擔了婚房的頭期款和房貸，房屋登記卻寫上兩人的名字。她打算之後再和男友家人一起設法償還房貸。

臨近婚禮，小莉才得知，男友的父親生意失敗，負債累累，是銀行信貸的黑名單。

關於怎麼供房的問題，她希望男友給點意見，但男友卻說，事實就是這樣，家裡肯定指望不上，他也沒有辦法。

小莉無助而迷茫，男友竟然不願意站在她的立場考慮問題，這個婚還要不要結？這個男人還值不值得嫁？

我建議小莉，當下她最應該做的是確定男友的決心。畢竟，她要嫁的是男友，不是他父親。男友父親的債務與他無關，他父親上了銀行的黑名單也不會株連到他。一旦父親的公司宣布破產，無非就是需要供給老人基本的生活與醫藥費罷了。如果她不怕將醜話說在前頭，就先跟男友立下書面協議，說明房產問題和將來贍養老人的問題，力求保證兩人婚後的家庭經濟不受影響。與其將來被絆倒，進退兩難，還不如一開始就把條件都列出來，去留皆有備，得失不住心。願意嫁，就擺明態度，守住底線，沒什麼了不起；不願意就一拍兩散，再不往來。

兩個人在一起，最能記住的是最近說的話，而不是當初的承諾。當你一開始就孤注一擲，失去了自我的底線時，你也就失去了平衡兩人關係的機會。而健康的人際關係，取決於依賴和獨立的平衡。小莉聽從了我的建議，學會了對自己說「是」，對男友和他家人說「不願意」時，她沒想到這種感覺好極了，而且事情也順利了起來。

男友的家人畢竟知道自家的事，他們已經是那樣的狀況了，正盼著兒子能有個好歸宿，自然事事都答應，一切的話都可以說在前頭，包括簽訂婚前協議書。如果按照小莉之前的想法去做，最後還真的有可能兩人的愛情和婚姻都得不到好的結局。

這件事過後，小莉說平生第一次發現，原來尊重自己的感受根本不需要理由。忙不過來的時候，她可以禮貌地跟同事們說，本週工作已排滿，請大家將需要交接的工作向後排；工作太累了，回到家，她也可以跟丈夫提出今天不做家事；專案碰到問題了，她也可以主動去找上司請求幫助，或者一開始就有理有據地爭取更多的支持……

除了心情感到輕鬆之外，最讓她意外的是，同事、朋友和家人不僅沒有遠離她，而且開始在事前就徵求她的意見。她發現自己不但沒有被邊緣化，反而得到了更多的尊重和重視。

當你邁開自己的雙腳，你會發現別人的反應並沒有你想像中那麼糟糕。**表達真實的想法，不依賴、不取悅，可以讓我們的生活從別人的眼中回到自己的手中。**只有學會自由地奔跑，才能盡享生命的陽光。

做人要學著適度零容忍

有時候，善良不能沒有鋒芒，否則等於零。

你是不是和我一樣，自認為是一個很善良的人，有時甚至還會懷疑自己是不是有一點懦弱？因為每次遇上什麼好事，都不會去跟別人爭。倒不是因為爭不到，而是覺得這樣做有失風度。能幫別人的時候，也會儘量去幫，哪怕知道被騙了也不會去拆穿人家。

你是不是從小就聽別人說「善有善報」，然後現在和許多人一樣，越來越不敢相信純粹的善良與正義？

我有一個朋友，跟我關係很好。他們一家目前就住在一間面積不到十八坪的房子裡，環境很一般。朋友已經二十幾歲了，還沒有自己的房子。她的父母以前在某家福利很好的公司工作，那時候公司有分配宿舍，她的父母本來可以分到兩間套房，一人一間（當時還沒結婚），但是他們沒有申請，覺得不想占公司的便宜，而且結婚以後只要一間房子就夠了。

最後公司狀況不好，她的父母自謀出路了，連一間房都沒拿到。

後來，她的爸爸做生意賺了一些錢，買了一間房子。本來打算留給她當嫁妝，結果他們有個親戚要娶媳婦，來訴苦說買不起房子，又哭又鬧。她爸爸沒辦法就把房子賣給了親戚，也沒多要錢，有多少錢買就多少錢賣了出去，想著過幾年再賺點錢給女兒換個大一點的房子就好了。

沒過幾年，房價暴漲，然後她爸爸的生意也不好。她想出國讀書，但是家裡拿不出那幾十萬，所有的親戚朋友，包括那個買了他們的房子的親戚都說沒有錢，也不願意借錢。畢業那天，她哭得很傷心，她說她一直都想出國，想看更廣闊的世界，但是她去不了，因為不能再增添父母的經濟壓力。

朋友一家的家風很好，待人友善，做生意也本本分分，為什麼落得這般光景？說好的善有善報呢？還是說，她或者她的父母不夠善良呢？

也許很多人還是相信有純粹的善良和正義，只是越來越多的人不會再這樣做了。周圍很多人都表現出冷漠、貪欲和一味索取的時候，**善良如你我的普通人，付出的善意越多，他們的貪欲就有可能越大。**

我再講一個以前的故事，你就會明白，為什麼我會告訴你這樣的道理。

我高中的時候在外縣市借讀，認識了一個同鄉的朋友。他的家境不是很好，人也有點自卑。在家世方面，我從來是有意避開不談，不希望知道太多他的私事帶來尷尬。大家一直就只是因為共同的興趣走在一起。

然後我們一起準備高考，在同一個補習班上課。每天都要補習，中午不回家，一週七天，大概五天都是我付兩個人的飯錢。本來家裡給我的錢也不多，但是我覺得這樣做也沒有什麼不好，畢竟他的家境確實差，我們又是朋友，所以從未有過一句怨言，就這麼幫他付了半年多的飯錢。

後來我們要一起回老家參加高考，家裡擔心兩個小孩不會照顧自己，所以就給了我幾千塊錢，還讓我帶了一張信用卡，交代我說要住好一點的酒店，考試就搭計程車過去。他身上大概就只帶了三百多塊錢。基本上從回老家第二天開始，幾乎全程都是我在出錢，住宿、車資、餐費等等，連返程的車票都是我買的。我也從來沒有因為這些給他臉色看……我從來沒有覺得我幫他付錢是一種善良，只是覺得我們是朋友，這是我應該做的。

我們最後考進了同一所大學，只是不同科系，教室離得很近，有時還一起上共同科目。沒想到，我竟然聽到了一些流言，說他家如何如何有錢，回老家高考的時候住的是什麼酒店之類的。

一開始我真的沒有在意，我知道他以前有點自卑，現在上大學了，基於男孩子的自尊心和虛榮心，他那樣說我也覺得可以理解，畢竟也沒有造成什麼危害，於是，我沒有揭穿他。直到大三的那一年，我的同學跑來跟我說，他在背後跟人說我欠他錢。我的第一個反應是不可能。後來我去問了他們班上的同學，才知道他真的這樣說，而且說的時候還表現出一副，「沒辦法啊，那麼多年的朋友了，難道真的去跟他要」的表情。

我覺得莫名其妙，怎麼都控制不住怒火。我找到他，當著所有人的面執問，我什麼時候欠他錢了？但是他的反應卻讓我心寒。他先是不承認說過這樣的話，看著是躲不掉了，又變得理直氣壯：「就算我說了又怎麼樣？你敢說你從來沒用過我的東西？」

當時，我憤怒地說了一句：「要是沒有我，你準備高考那年就已經餓死了！」結果呢？從此他有了更好的說辭，那時他是沒有什麼錢，不過就是吃過我幾頓飯，我就一直記到現在，當時他真的應該餓死算了。

人生的旅途上，你一定會碰上一些奇葩的人和事，除了自認倒楣，可能讓你連吐槽的力氣都沒有。我想說的是，有時候，善良不能沒有鋒芒，否則真的等於零。越是善良的人，底線越要高一些，才不至於縱容他人；越是善良的人越要懂得拒絕，也算是保護自己。

善良如你我，有時得在事情變壞之前，要學著適度零容忍。

善良是一種選擇，需要的是智慧

聰明是一種天賦，善良是一種選擇，
後者比前者難得多。

有一本書叫《自私的基因》，透過生物學的解釋（我也不太肯定這本書算不算生物學？），探討什麼是善良、什麼是正義、什麼是道德的一本書。

我就不賣弄學問了，反正我也沒看懂。按照我的理解，自私雖然是推動優勝劣汰的一種心理動機，然而，**善良也並非一種不適宜生存的屬性，它具有一種大愛的智慧。**

有時候，一個人有善心善行，不表示他已經領悟了善良背後的真諦。他可能是因為受道德教育、宗教、家庭的影響，或者為了追求社會的認同，所以願意行善。總之，最終所有的因素綜合形成的結果就是，他做了好事，心裡好過些。

我覺得這叫良知。不是每個人都要知其然，還要知其所以然，大部分的人心中，都有一些不需要求證就相信的結論。這個結論叫做信念。

那麼，為了讓自己心裡好過而做些善事，是自私嗎？當然不是。為了讓自己心裡好過而做不好的事情，才叫自私。中國傳統文化歷來追求一個「善」字。「人之初，性本善。」待人處事，強調心存善意、向善之美；與人交往，講究與人為善、樂善好施；對己要求，主張獨善其身、善心常駐。我記得一位名人說過，對眾人而言，唯一的權利是法律；對個人而言，唯一的權利是善良。

不過，有的善良，卻是一把雙刃劍。有一種善良叫「低智商的善良」，你付出了，犧牲了，最後還變成了壞人。這樣的善良，有時其實是一種傷害。

剛工作不久的王靜小姐，一開始因為青春可愛、熱情大方，頗得幾個愛占小便宜的同事喜歡。那時，同事很喜歡找她聊天，她放在桌上的巧克力，沒打招呼就拿來吃、三天兩頭地想辦法敲她請客吃飯，有的甚至直接要求她每天多帶一份早餐。這一切王靜都默默地忍著，反正人在職場，總有交際，總要開銷。

後來，有同事見她好說話，又找她借了兩千塊。大概過了半年吧，同事還是沒有要還的意思，後來，王靜住的地方房租漲了，於是她鼓起勇氣跟對方要錢。沒想到同事臉黑了：「我剛給家裡寄了一筆錢，實在沒錢還你。下個月吧。」

王靜無可奈何地同意了。過沒多久，那個借錢的同事就離職了，走時連個招呼都沒有打一聲，之後，就再也沒有和她聯繫。從此，王靜開始學著不要隨便善良了，結果所謂的朋友就開始嘀咕說她小氣。

沒有人不討厭占便宜的人，只是礙於面子，不好意思說罷了。斗米養恩，擔米養仇。一開始的過度慷慨，讓別人覺得從她那裡要的一切都理所當然，而她的付出，在他們看來，也許就不是善良，而是愚蠢。我們的行為可以引發一連串的連鎖反應，所以該出手就出手，該反擊就得反擊。一個長期被欺負的人，只要有一次奮起還擊，以後欺負他的人自然會少一些。

還有一些低級的善良，是施善的人沒有發現別人真正的需要，這時的與人為善，只是在滿足自己的情感需求。比如，真正需要尊重和平等對待的是殘疾人士，有的人會異常熱情地幫助他們，表面上這些施以援手的人確實關懷備至，十分慈善，實際上卻是讓那些殘疾朋友意識到自己的特殊和不幸。

有一種人認為自己善良，所以即使做了壞事，別人也沒有責備自己的理由。一個四十多歲的成人，出於好意想幫家裡分擔經濟，於是輕信金融騙子，把家中僅有的存款都拿去投資了某一支聽說會重組的股票，結果虧得一塌糊塗。她分明是做錯了事，卻不承認，半晌憋出一句：「我也是為了全家人好。」言下之意，既然我是出於好意，你們就該原諒我。

熱情的辦公室大姐，每天拉著你聊天，讓你工作做不完，或者是每天寄給你心靈雞湯文章打擾你休息的同學。他們讓人惱怒的地方，不僅僅是實際上造成你的不便和不爽，還在於他們是基於善意，你沒有辦法責怪他們。

真正善良的人可能只在乎是不是做了一件好事，而不在乎別人是不是認為他做了一件好事。**真正的善是在充分瞭解和審視事實之後，做出能帶來最好結果的選擇。**

我聽過一場亞馬遜創始人傑夫·貝佐斯（Jeff Bezos）的演講。他的演講一開始便說了一個故事。貝佐斯先生兒時跟我們一樣犯過一些小錯誤。有一次，他在奶奶抽菸的時候，居然試圖用一個數字估算，告訴奶奶抽菸對身體造成多大的傷害。結果害得他奶奶大哭了起來。

後來，他的爺爺知道了這件事，對他說了讓他銘記至今的話：「傑夫，善良要比聰明難得多。」（Jeff, it's harder to be kind than clever.）

就是因為這件事，貝佐斯才說了那句鼎鼎大名的話：「聰明是一種天賦，善良是一種選擇。」（Cleverness is a gift;kindness is a choice.）

在貝佐斯的演講裡，他說，原本他期待自己能夠獲得「傑夫，你真聰明」（Jeff, you are so smart.）這樣的評價。然而，kindness 並不是像中文「善良」的字面意思那麼簡單，它還包括了同理心、包容度，和對任何人的那種尊重。

我十分認同貝佐斯的說法。「clever」是天賦，而「kindness」是一種選擇，後者要比前者難得多；諸位都應該見過「clever」但不「kindness」的人。我知道，聰明的人一定不少，但是坦率地說，能一直堅持善良的並沒有那麼多。但是我們千萬不能因此就放棄選擇善良！

Chapter 2

說好的「吃虧就是占便宜」呢

你無須將姿勢擺得太低。
屬於你的，
要積極地爭取；
不屬於你的，
也請果斷放棄。

現實這麼殘酷，拿什麼裝無辜

生活就是，不操這個心，就得操那個心的愛恨糾葛。

你當不攀附，不將就，不強求。默然相愛，寂靜歡喜。

一位小姐堅持自己很善良，除了希望家人按著自己想要的方式寵愛自己，男朋友也能讓自己依靠之外，她沒有什麼慾望。反正，「男人嘛，就是應該出去打拚，養活自己的女人和小孩。」她身邊的女孩都想結婚之後當個全職太太，相夫教子。至於這樣的生活可能存在著跟社會脫節的風險。她心想，不是還有網路嗎！自己完全可以透過網路瞭解社會，不用參與社會上的鉤心鬥角，她也不想終日為了工作奔命。

在她看來，社會太複雜，職場太艱辛，她只希望過得簡單一點，工作不工作，倒是其次，無論如何，她不想為了五斗米折腰。當然，世界上總有像她這樣的人，能遇上難得的美好與幸福。

男生出身高貴，長相俊美，談吐不凡，已經是某某銀行的主管，在北京擁有幾棟房子。雖然小姐的家境普通，也算不上大美女，但兩人交往以來便十分恩愛。結婚多年，出門仍然是十指相扣、形影不離。小姐還真的過著有錢花、且隨便花的日子，而且更難得的是，男生連家務事也很少讓她做。她生活中有什麼難事，只要告訴他，就什麼都不用擔心了，因為他會扛住所有的風雨。

但是，這樣的個案，大概比中五百萬彩券的機率還低。當然，我們都想在對的時間遇上對的人，過上想過的生活，但現實中經常上演的是一齣齣殘酷的戲碼。

也許，這是你一生最黑暗的時期：父母剛去世，你還沒有從悲哀中走出來，孩子又生了病，丈夫也準備和你離婚；也許，這是你必須要面對的慘澹人生：升職失敗，體檢又出現腎病，好不容易做完手術，家中的長輩患上了惡疾；也許，這是你生活中正發生著的倒楣事：剛剛借了一筆錢支付孩子的學費，但那個不懂事的死孩子，竟然跟同學打架被學校開除了，氣急敗壞的你開車出了車禍需要照顧，家人卻不聞不問。

我應該不需要再列舉更多的例子，你大概就能看到生活中可能面對的各種艱難和絕望的處境。在你最困難的時候，哪怕是最親近的人，很可能都沒有人伸手拉你一把。你不僅要獨自對抗不可逆轉的生死離別，還要打起精神和不可知、不可說的生活開戰，只要你還想活下去。

現在，你對人性有所瞭解之後，你一定不會再傻傻地認同「單純有理」。**生活就是**

一場自己的戰爭，沒有人可以不去面對人生的殘忍。就像生存遊戲《這是我的戰爭》（This War of Mine）一樣，在特殊的人生境遇裡，你可能不得不獨自面對資訊封鎖、物資匱乏的狀況，以及這種境遇中表現出的人性之光或道德淪喪。你一切的經歷，甚至死亡都可能是意外的、隨機的、超乎預料的、無可奈何的、不能逆轉的，你無法、也不可能置身事外。而這才有可能是很多人在某個時刻，不得不面對的人生真相。希望被善待，一直被溫柔地照顧，當然沒有錯。但是，這樣的希望並不足以讓我們做好面對生活的準備。

已婚的男人糾纏異性，害得一個無辜女人被他嫉妒的老婆當小三追打；男人對女友說完永遠愛你，又把這句話複製轉發給另外幾個美女。這樣的戲碼不時上演著。如果你指望自己在千般委曲、萬般遷就之後，可以換來一個人承擔你生活中的所有危機，我只能說，你真的是好傻好天真。真正有良心的人，並不需要祈求，他自然會願意傾其所有去給予。

在亦舒的某部小說中，有人問一名男子為何對女友這麼好，男子回答，他想到未來女友要為他生育兒女，將受那樣多的苦，就會忍不住想對她再好一點。能這麼想、這麼做，真是一個有良心的男人。

葛優在某個場合談到自己的婚姻時，也曾說：「我們當時的經濟基礎很不好，誰也不圖誰什麼。後來有沒有碰見比她更好的？有。但是我們在沒沒無名的時候就同甘共苦，實在做不出再婚換人那種事。」

然而，**生活就是不操這心，就得操那心的愛恨糾葛**。即使你萬般幸運，像前文的那個小姐一樣，真的遇上了一個捨不得讓你受苦的男人。如果他沒能力怎麼辦？如果他落魄了怎麼辦？如果他意外往生了怎麼辦？**如果不做好面對真實生活的準備，突然遇上了世界的殘忍，你怎麼辦？**

我們沒有機會坐等誰的善良來抵擋我的風險。無論如何，我們都應該在能自立的基礎上，和人相處，和人相愛。也許獲得這樣的能力，你得付出很多，但是你因此獲得了戰勝人生各種困境的能力，更從容地直接面對了生活。否則，你所有的表現，只是在裝無辜，只是打著我想要簡單生活、我的善良可以被溫柔以待的名義，放縱自己的天真或者無能。

極高明而道中庸，唯大智者才能單純而平和。古人曰：「大智若愚。」能如嬰兒般天真，而通透地做人處世，不糾結，不自找苦吃，兵來將擋，水來土掩。不去指望別人，溫柔而堅韌地過自己的生活，這才是殘酷世界裡的正經事。

愛恨合力，轉動著命運之輪，到頭來，苦苦地執著，也沒能把秋天熬過。所以，你當不攀附，不將就，不強求。默然相愛，寂靜歡喜。

你的付出，是你想要的嗎

如果身邊人都對你關上門，

很可能是因為你心中從來沒有容納過別人。

無意識帶來的傷害更痛，

道德式綁架的強迫是一種極大的惡。

張一一自小家庭貧困，早早地就外出打工賺錢了。多年後，終於在工作的城市買了一間大房子。有了女兒之後，她就想把吃了一輩子苦的父母接過來享福，也可以讓他們幫忙帶孩子。

母親因為要照顧生病的弟弟，先來她家的是父親。她想，父親只需要幫她照顧一下孩子，做點家務，日子應該很輕鬆。父親的作息時間極為嚴格，他每天早上六點多一定起床，然後幫全家人做早飯。早飯快好的時候，開始幫小孫女穿衣洗臉，隨後叫家人起床吃飯。

父親是一個傳統型的大男人。他始終認為洗衣做飯應該是女人做的事，一直以來都是母親包攬了所有的家務。來到女兒這裡之後，他卻要開始做家務。早餐忙完沒多久，就得去買菜。買完菜回來帶孩子轉轉，不久又該做午飯了。午飯後陪孩子睡午覺，之後又得打掃家裡。隨後準備晚飯。

自從父親過來之後，張一一似乎完全沒有做家務的意識，這讓父親極度失望。於是，他開始挑剔女兒不愛乾淨，挑剔她的懶，最後則大罵她都不自己照顧孩子。

張一一心中萬般委曲，為了讓父母和家人過得好一點，工作從早忙到晚，怎麼可能再分出時間和精力來做家務、照顧孩子？跟父親之間的矛盾爆發之後，她常常在深夜裡哭。她想，已經給足了父親生活費，也不是非得要他做飯啊！父親沒來之前，她根本不吃早餐，中午在店裡吃，晚上也在店裡吃。父親過來之後，她只有晚上在家裡吃。但是父親不願意在外面吃飯，又對在家做飯十分不滿。她真的是怎麼做都不對。

無論如何，張一一沒法讓父親滿意，她只好請父親回老家照顧弟弟，接了母親過來。張一一沒想到，曾經一向好相處的母親也和自己合不來，沒住一個月便吵著要回去。她委曲到了極點，心想：「我接你們來城裡過好日子，給你們買新衣服……為什麼你們就是不願意和我一起過好日子，反而要回去當辛苦的農民？」

張一一的老公建議接她姐姐過來，同輩人共同話題多一些，好相處。張一一覺得有理，便讓姐姐辭去工作來她家幫忙帶孩子、做點家務雜事。但是不到一週，姐姐也哭鬧

著離開了。

事情到了這個地步，顯然是張一一有問題，但是她自己沒有意識到事情的嚴重性。又過了半年多，聲稱永遠不會離開她的老公也提出離婚。一向堅強的張一一瞬間崩潰：「為什麼？我為你們付出那麼多，為什麼你們一個個都要離開我？」

張一一的老公嘆了口氣，將所有憋在心裡的話都說了出來：「你自己想想，你和誰能好好相處？跟你在一起，什麼都要聽你的，不按照你的要求，你就發脾氣。我要聽你的，我家裡的人要聽你的，你家裡人也要聽你的。孩子吃不下兩個雞蛋，你就像瘋子一樣叫罵。我母親過來幫我們帶孩子，你不喜歡，我認為是婆媳之間難以相處的問題，所以把她送走了。原本想著你自己的父母過來總沒問題了吧，可是實際上呢？你因為是自己父母的關係，反而更加無所顧忌了。我知道你很好，你為家裡付出了很多，但是，如果你付出的這些，卻帶給別人情緒勒索，你以為這些付出還有意義嗎？」

張一一無限委曲地說：「你們做得不好，我都不能說兩句嗎？我為什麼要那樣拚命，還不是為了家人好！」

張一一的老公說：「如果我給你物質上的滿足，但是早上一起來就數落你，中午看見你就罵你，時不時再打你一頓，你覺得這樣的生活會快樂嗎？每個人都沒有理由拿自己的脾氣去傷害周圍的人。你看，你自己親身母親都哭著離開了。我真的再也受不了所有人都必須圍著你轉的日子，因為你根本就不懂最基本的相處之道。」

說罷，她老公就收拾行李去住旅館，整整一個月沒有回家。

委曲的張一一四處尋找安慰，我一開始以為她的家人都不懂得感恩。一個為了家庭而犧牲自己全部青春的女孩，竟然這麼不被珍惜？後來聊著聊著，我就明白了，事實是，她用情感或者道德來勒索家人的那些依據，只不過是她自以為好意的付出。

她記得借過姐姐一千八百塊，卻不記得姐姐給她的更多。她記得自己坐月子產後憂鬱沒人照顧，一再地跟大家說因為月子沒坐好身體不好，卻不記得父母和弟弟的身體比她更差。

自我的強烈付出感和得不到想要的回應的失落感，導致她十分糾結：自己奉獻了全部，為什麼家人都不明白她的好。坐月子的事，她對丈夫唸了三、四年，當年她姐姐也是剖腹產，同樣沒人照顧，她卻想也沒有想起過。她的自我付出感太強烈了，而且認為家人應該先改變態度，她的心情才可能好轉。她認為自己的出發點是好的，是善意的，別人就應該全盤接受。

我們身邊總有這種委曲的女人，她們心地善良，一直扮演著自以為是的付出者角色。然而巨大的付出，換來的只是完全與期望不匹配的被忽視，感覺很少有人明白她們的好。於是委曲，於是憤怒，然而又偏偏停不下自以為的善行。隨之，不被理解的傷心和無從表達的失望，化成了沒完沒了的審判、指責和抱怨。當滿滿的負能量在她身上顯現，身邊的人便一個個離去。

其實，她們的期望只是被肯定和讚美，也願意背負辛苦，傾己所能為家人付出更多，但她們完全不知道自己是以背道而馳的方法，表達著自己的善意。這樣的委曲，也一定會導致一種最壞的行為——強迫對方承認是在為他付出，而且這種付出是值得肯定的。她們的失誤在於，不明白這種強迫行為是一種極大的惡。讓別人按她們的意願行事，其實是讓別人侮辱自己，讓別人踐踏自己，讓別人被迫違心地自我貶低、自我懺悔，改正莫須有的罪行。

我很懂得受到這種心靈壓迫的人的沉默和反抗。**無意識帶給人們的傷害更痛**。有極端行為的人，並不是和我們完全不同的、不可理喻的惡魔，反而往往是像我們這種平常人。只不過有時候，**我們自以為的付出，自以為的善意，投射到別人身上的時候，其實並不是我們自以為的那樣**。

丈夫的離開帶給張一一很大的打擊，雖然她仍然會四處訴苦，強迫別人承認她是一個偉大的付出者，但她還是隱約感覺到自己有一些不對的地方。**如果身邊的人都對自己關上門，那麼很可能是自己心裡從來沒有容納過別人**。於是她聯繫了一個心理諮詢師，接受了一個特別的認知療法。之後，張一一請求老公再給自己半年機會，她會好好地調整自己。如果半年後雙方還是不能好好地溝通，她同意離婚。

張一一說改變，還真開始改變自己。她主動帶禮物去看婆婆，誠懇地向老人家認錯，並且表示只要婆婆願意，她隨時歡迎婆婆到家裡住。她還不忘向婆婆坦白，自己當年確實對婆婆有些意見，但現在她明白，婆婆和自己之間的矛盾只是生活時代不同造成的習慣不同，她現在非常能理解婆婆的好意。隨後，她也聯繫了自己的父母，真誠地請求父母原諒自己的霸道。

她學會了接受別人的不同，不再糾結於一些細枝末節，也學會了克制自己的脾氣。由於她的改變，父母改變了對她的態度，連客戶和朋友也對她讚譽有佳。原本不見起色的生意，竟然慢慢地轉為興盛，還賺了不少贏利。

半年之後，她問老公是否要離婚，她老公笑了笑：「恐怕我媽不同意。她現在可喜歡你了，昨天還高興地跟我說你給她做面膜的事……」

請將你的善良，只給善待你的人

有一些行為，永遠只能表示理解，不能姑息和縱容。

無論是心靈雞湯的書，還是講禪修智慧的書，總在提醒我們，當我們遭遇痛苦而抱怨他人不夠友善的時候，我們應該學會換位思考，學會理解別人，去相信「善有善報、好人有好報」，如果你自己變得更好，世界就會更好。

但是，我想追問，為什麼一味要求我們理解別人？如果我們自己受了傷還沒醫治，又如何從心理上做到為他人著想？如果我們自己都沒有爬起來，又如何能去扶持別人？

一直以來，社會只拚命地教我們學習如何成功衝刺一百米，做一個堅強的好人，卻從來沒有人教我們：跌倒時，怎麼跌得有尊嚴；膝蓋破得血肉模糊時，怎麼清洗傷口；心像玻璃碎了一地時，怎麼收拾？你被人傷得滿地找牙和血吞，拿什麼來對傷害你的人付出善良？你一頭倒下，內心淌血，又拿什麼來獲得心靈深層的平靜？

有一個女孩說起父親時，總是淚流滿面。她說，在別人眼中，父親是一個很善良的人。他會收養流浪狗，大冬天怕狗冷，會半夜起床好幾次幫狗蓋被子。母親打電話說狗跑出去被車撞了，他十萬火急地趕回家帶狗去看獸醫。他看到狗狗要做手術，心痛得直掉眼淚。

回到家後，父親因狗受傷的事和母親大吵了一架。情急之下，不小心把母親推倒在地。母親的腰撞到床角受了傷。母親住院期間，父親沒去看過她一次。女孩的母親說話聲調急躁高亢，一丁點的事都能引發她的責難。

這件事讓女孩對安靜有了一種變態的需求，她非常討厭有人在身邊說話。有那麼一段時光，電話鈴聲簡直是她的夢魘，偏偏又常有電話打進來。每一次鈴聲響起，她都嚇得打哆嗦。這件事引起了身邊一位男同事的反應。女孩以為鈴聲也嚇到他了，不料他說：「不是鈴聲，是你的反應嚇到我了。」

這樣的一個女孩，我們根本無法想像她的童年。所以當別人都在懷念童年的時候，她卻慶幸自己終於長大了。對她而言，任何一個地方，都比那個無愛無恩義的家庭溫暖得多。

知道別人的痛苦沒什麼，但是我們怎麼會知道人家是怎麼熬過來的？我記得這麼一句話：「一個從小缺少愛的人，最容易善良，也最容易上當。」因為只要人家對他好一點，他就心甘情願，以命相許。

你怎麼對別人，就決定了別人怎麼對你。如果我的生死苦樂被你踐踏，那麼你的生死苦樂也與我毫無關係。女孩也努力過，但是她做不到。哪怕家人那樣對她，但她做不到漠視家人。

後來，她按照家人的期望，尋找嫁入豪門的機會，實現一個灰姑娘的夢想。可惜，她最終跟一個窮小子戀愛了。她內心最渴望的東西：被呵護，被寵愛，被縱容，被尊重，都在他那裡得到了。她不敢想像原來自己竟然還可以擁有愛，被愛護，被尊重，甚至擁有話語權。突然有了這樣的感覺，那是一種怎樣的驚訝、震撼與滿足。後來，就算生活過得極其艱苦，她仍然不願意和窮小子分手。

在一個人艱難的時候選擇不離不棄，這是一種怎樣的善良呀！故事背後一個赤裸裸的真相是，她的窮男友其實是一個渣男；而另外一個血淋漓的真相是，她的這份善良，並不是真的多麼愛他所以不離不棄，只不過是她在他那裡，找到了做一個有尊嚴的人，不會被辱罵，或被道德綁架做一個逆來順受的下等人。

她的這份善良，不過是因為從來沒有被善待過，所以視滿足自己最基本的需求為罪惡，而不知道還有比這種善良更聰明、更正當的選擇。

她其實沒有正確給予愛和善良的能力。斬斷了一個人的雙腿，就不要怪他不能正常地行走。也許，外表光鮮的你也是如此。正如張小嫻所說，就算親情，也是不平等的。要是你擁有愛你的父母，這份愛就算被你浪擲了，他們還是會為你守候，永不會死心。然而，當孩子需要父母的愛，父母狠狠地把他丟開，許多年後想要再愛這個孩子，卻不一定能如願。孩子是會死心的。這份親情，你在他最想要、在他幼小孤單偷偷飲泣的長夜裡沒有給他，就不能再奢望可以贖回來。

我從來不反對善良，但在講這個女孩的故事時，我堅決反對那種自以為是的善良。對不起，我只會喜歡那些喜歡我的人，只會善待那些善待我的人。**對一些行為，永遠只能表示理解，不能姑息和縱容**，特別是那些自以為對我好、為了我好，卻強勢、粗暴地對待我的人。

真正的善良，是讓身邊的人在平日自得其樂，在需要幫助時全力以赴。沒有任何人有權利將自己的好意強加給另一個人，或者實施自以為是的道德綁架。我不想對自己和別人犯這種善良的罪。

人生會有各種遭遇，不管是好事還是壞事，好人還是爛人，你總會在某個時間點遇上。倘若你無力承擔，沒人能代替你承擔，但是我仍然希望你知道，這些事是在所難免的，**你無法跟執著於個人觀念而傷害你的人理論，你只能努力讓自己不被打倒。**

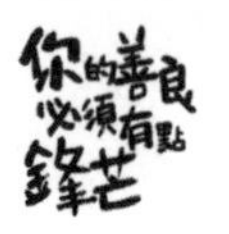

倘若你能撐過去，不必逼自己去原諒傷害自己的人。如果有一天你挺過了所有的傷害，終於擁有了堅強，也不必對誰說，都是因為誰曾經傷你那麼深，才成就了今天的你。你現在這麼優秀完全是因為你自己強大，當年沒有被他們打倒而已。

有時候，犯錯的人並不知道他在傷你甚至是殘害你，還會怪你不優秀、不爭氣。要是不小心遇上了爛人破事，我們只能自己一個人扛下所有的苦與痛，但是這並不是要教會你悲觀，而是教會你人世的智慧。你要去相信，你沒有能力的時候，本應該只對善待自己的人善良。你有能力的時候，這世間沒有不善待你的人，也沒有你不能善待的人。

以愛之名滿足的，不過是你的野心

每個人來到這世間，
不是為了按照別人的方式過一生。
以愛的名義最容易造成的傷害是，
剝奪了別人選擇的權利。

很多時候，我們的親人，我們的愛人，會用自以為正確的方式來愛我們。他們會義正詞嚴地用自己的經歷告訴我們，路要怎麼走才合適。他們會情深意切地按自己的渴望告訴我們，擁有什麼才幸福。他們忽略了，**每個人來到這個世間，不是為了按照別人的方式過一生。**

於是，很多人便在這樣的矛盾中糾結著、痛苦著，還會覺得自己很委曲，常常說著類似，「我是為了他好啊！」、「我是怕他受苦啊！」、「我是怕他受傷啊！」之類的話。

其實，他的怕，是以自我為中心。他以為別人按照他認定的方式，就是最好的選擇。其實他所追求的只是自己的順心如意。他不知道愛一個人，就應該尊重這個人的選擇，讓這個人以自己喜歡的方式生活；何況有時候，哪怕是選擇受苦，也是一個人的權利。

以愛的名義最容易造成的傷害是，剝奪了別人選擇的權利。如果愛只是單方的一意孤行，那麼大概有很多人都寧願這樣的愛不存在。

由於女孩從小受夠了貧窮的苦，她最大的願望是變得富有。環境所迫，她高中畢業後就去沿海城市打工。為了賺錢給家裡蓋房子，為了給弟弟存錢娶太太，不到二十歲的她，就願意為了家人努力、奮鬥、死撐。

最初她到工廠做女工，拿的是計時工資。那時，她的底薪才三千多塊，加班費是一小時八十塊。為了多賺一點，她幾乎天天加班。這樣一個月下來，她可以賺四千多塊。她只留少許的錢買些日用品，其餘的全部寄回家。

這樣的日子她整整堅持了兩年之後，她與負氣離家出走的姐姐在一座陌生的城市相遇了，兩人一起為了那個貧苦的家繼續打拚著。後來，姐姐一聲不響的離開了，幾乎算是不告而別。更可恨的是，在長達兩年裡的時間裡，姐姐音訊全無。那時，她不會去想更多的問題，比如，為什麼姐姐那麼抗拒和家相關的一切？

也許是因為時光流逝、世事變遷，後來姐姐又主動跟她聯繫上了，告訴她自己現在生活得還算可以。同時她也得知，姐姐跟一個貧窮懶散的男人在一起，對方甚至給不起姐姐婚姻的承諾。她不甘心，追到姐姐所在的城市去勸姐姐。但是姐姐不願意跟她走，她痛哭流涕地跟家裡人指責姐姐的種種不是。她不明白，為什麼一個渣男可以讓一個女人死心塌地地追隨。

後來，姐姐離開了渣男，但與家人依然是疏離的、有隔膜的。雖然她與父母都知道姐姐住在哪裡，要是沒有主動與姐姐聯繫，就得不到姐姐的消息，以至於某年生日那天姐姐突然打電話祝福，她竟然感動得哭了。

她愛自己的家人，所以願意傾其所有給家裡人最優渥的生活。她愛姐姐，所以不斷地為姐姐收拾各種爛攤子，在姐姐求助的時候，總是義無反顧地幫助。因為不斷地努力，她有了自己的事業，終於變成了城市裡的有房一族。她將父母接到身邊照顧，然後，也希望姐姐和她一起生活，她說要保姐姐一世安穩。

姐姐來了，可惜沒幾天兩人就大吵一架。兩個月裡又吵了好幾次。她那麼愛姐姐，姐姐卻不理解，竟然說寧願當乞丐也不要她給的這份安穩。她傷心痛哭，原以為總算盼到了一家人一起過好日子，最後，這一切證明只是她的一廂情願。姐姐氣急敗壞地離開了，她不懂為什麼。

她不知道，自己在這些年一直扮演著堅強的角色，對家人的那種愛與照顧的需求，已經成為她所不能承受的生命之重。而隨之無意間滋長的是一種極強的控制欲，以及讓家人都過上她所嚮往的高品質生活的野心。

與她住在一起的人，都必須遵照她的計劃行事。她總替家人做選擇，她覺得自己想要的，一定也是家人想要的，或至少是家人需要的。比如，孩子不喜歡學鋼琴，她非逼著孩子每天練習，還要全家人監督。這讓她身邊的人活得極其痛苦。

愛欲於人，猶如執炬逆風而行，必有燒手之患。我們越是想抓住某物，越可能陷於某種執迷。更何況生命本是自我承載，每個人獨生獨死，無有代者，怎麼可以讓別人來承擔我們的人生期望。

一味要求自己所愛的人，以自己的方式去追求自己所嚮往的幸福，從某種角度來看，其實是一種認知模式的錯誤。比如，把吃苦看作人生中消極的、徹底避免的東西，在一個人最應該吃苦的年紀過度干涉和保護，其實是對生命成長的不尊重。雖然吃苦與幸福的意義背道而馳，但是人生所有的經歷，包括吃苦，都關乎生命和靈魂的成長。正如周國平所說，「生命的意義僅是靈魂的配件。」無論是肯定，還是懷疑否定，只要是真切的，就必定有靈魂在場。

一個人唯有經歷過磨難，對人生有了深刻的體驗之後，靈魂才會變得豐富。而這也是幸福的重要源泉。現實中的幸福，應該是幸運與不幸按適當比例的結合。每個人都有權根據自己的意願，去選擇最好的成長方式，無論吃苦還是享福。

人來世間走一遭，所能擁有的不僅僅是財富，也不僅僅是名聲，還有各種經歷和感受。對我們而言，現實生活中的禍福得失、歡樂痛苦都是收入，命運的打擊因心靈的收穫而得到了補償。正如俄國文學家杜斯妥也夫斯基在賭場上輸掉的東西，他在描寫賭徒心理的小說中，以極其輝煌的形式贏了回來。

別讓自己的愛成為對他人的傷害，讓他們去經歷，去體驗，去吃苦，去流淚，因為那是他們人生中最重要的權利之一。

別用你所謂的善意，去強迫他人

每一種人生都可能有殘缺，
不必做太多比較。
每一種生活都有很多樂趣，
不必完全統一。

你是不是因為不想傷這個人、不想傷那個人，而活得十分憋屈？
你是不是總是遭到意料之外的攻擊？
你是不是想擺脫某種困境，卻又無能為力？

你的一切不幸，可能只是你的內在小孩精力旺盛卻又太弱小的關係。他沒有別的事可做，閒得只能玩一種叫「與人為善」的遊戲。於是，你習慣將他人的一言一行都和自己的原則拉上關係，處處替別人著想，又處處給出善意的指正。同時，又想從中尋找認同感，如果沒人給你想要的那種回饋，你就覺得全世界都不理解你，你付出了那麼多的善意，卻只能收穫痛苦。

你只會這一種活法。只有這樣，你在與人交往的時候，內在小孩的旺盛精力才能有地方發洩。而你不明白這樣做竟然把你拉入無盡的痛苦當中。

我想起一個常接觸的家庭主婦。不得不說，她確實是一位樸實而勤勞的婦女，有著傳統中國女性的美德：賢、善、貞、慧。她賢，她從來不怕辛勞，以一己之力承擔照顧多病的婆婆，以及養育孩子的責任，從來沒有因為生活的苦難而心生放棄。她非常善良，無論誰找她幫忙，只要不是抽不開身，她都會答應幫忙，只要她的能力許可，她就會付出。

她一生就只跟了一個男人，以她清秀端莊的長相，身邊總有優秀的男人如蜂蝶圍繞，但她硬是一生就守著一個男人，不離不棄，儘管他窮、他懶。她實在是聰慧，只是看她做事，你就會發現她聰明得不得了。她受教育的程度不高，卻可以輔導孩子的家庭作業；那些別人折騰了很久都解決不了的問題，她只要略作思考，便能立刻想出辦法。她還寫得一手好字，做得一手好飯，繡得一手好花，會做衣服、鞋子……還有很多女人幹不了的活，她也都能做。

但是你完全想不到，這個女人在家裡，卻是婆婆討厭、丈夫憎恨、孩子也不喜歡。

如果沒有和她生活在一起，真的難以想像像這樣一位優秀的女性，怎麼會與幸福無緣，怎麼會生活得那麼委曲？

和她打過交道的人就會看到，她和《偷書賊》一書中那個收養了五個孩子的女人一樣，善良，但卻有一種奇怪的能力——得罪所有認識的人的能力。可能是因為，她什麼事情都會強行搭上自己的處事原則，對本來好的事情的評價，變成了善意的指責。

比如，丈夫賺了點錢，滿心歡喜地買了一件衣服給她，卻被她數落了半天，她倒不是嫌衣服不好看，而是覺得丈夫不該亂花錢，丈夫殷切的愛，換來的卻是責備、抱怨和挑剔。孩子考試第一名向她報喜，她馬上義正詞嚴地提醒，你不該驕傲，這次才考了班上的第一名，那個誰是全校第一。

這個難纏又不好對付可憐人，就生活在自己錯位的世界裡，不斷地辛苦付出，不斷地向人表達她的善意，卻不斷地收到本不該有的打擊。直到現在，她依然不能理解為什麼每個人都與她不同頻道。她覺得自己沒有想要傷害誰，說的話也沒有問題。

這一點倒是真的，她說的那些話，若單純從內容上來看，確實沒有幾句話是有攻擊性的。而問題就在於，在她的世界觀裡，只要出發點是好的，別人就應該全盤接納。如果真的因此傷害了別人，她會覺得自己出發點是好的，不該被怪罪。她無法站在別人的立場去體驗她加諸別人的傷害。很多時候，這種傷害僅僅就是因為她的善意帶來了「道德綁架」，或者她表達這種善意所帶來的批評。

不知道是誰說過，溝通中情緒占了百分之七十，內容只占百分之三十。我深以為然，我們說這種難纏不好對付的人叫刺頭，在很多時候之所以讓人感覺帶刺，不是因為他們的行為造成實質上多大的傷害，而是引發那些行為的情緒透露出嚴重的攻擊傾向。就像勵志大師馬登說過的，如果我們拿著一根骨頭罵罵嚷嚷地叫狗來吃，牠一定會被嚇走，如果我們溫柔、友好地說話，牠就會跑過來。

世間唯一的真理是，你向世界釋放了什麼，世界便回報你什麼。若你釋放的是抱怨，得到的必然是指責；若你釋放的是批判，得到的必然是反駁；若你釋放的是攻擊，得到的也必然是反擊。

我曾經遇過這樣一個同事，無論別人說什麼、做什麼，他都當成惡意攻擊，然後又惡意攻擊別人。我們常常要開會討論企劃案，這位刺頭同事容不了一丁點不同的意見，而且他也看不起別人辛苦做出來的東西。在討論別人的方案時，從來不是從市場可行性提問題，而是用「很爛，一般般，根本不行」等字眼，簡單粗暴地否定別人。只要別人與他的意見相左，他就覺得別人是有意打壓。果真是應了一個真理，越是挑剔別人的人，越是害怕被別人挑剔。

我們必須懂得，**每一種人生都可能有殘缺，不必做太多的比較；每一種生活方式都有樂趣，不必完全統一**。當你覺得全世界都針對自己的時候，最應該做的不是去抱怨他人，而是反省自己，想一想，是不是自己無法與這個世界和諧相處呢？

吃虧是福，但總吃虧哪來的福

對於命運設置的磨難，弱者的應對是退讓與憎恨，強者的應對是妥協與抗衡，更強者的應對是堅韌與抗爭，最強者的應對是自強與超越。

一個人的成長，必須經歷許多難以忍受的寂寞、痛苦和憂傷的浸泡，然後生命才能成熟、圓滿與豐盈。

安潔過完大學生涯裡的最後一個快樂生日之後，便開始尋找薪水優厚、前途美好的工作。如果順利的話，很快地她就會和男朋友買房子結婚。對於年輕人來說，有情飲水都能飽，所以那時的她覺得天空藍得無法想像，直到找工作的那天。

那天，安潔與男友手牽著手走進了職場招聘會現場，男友幫她投遞了履歷表。這時，面試經理隨手把簡歷丟在旁邊的雜物堆裡。安潔當場就生氣了：「你憑什麼看都不看就丟掉我的履歷？」

妝容完美的招聘經理，用職業化卻明顯帶著輕蔑的語氣告訴安潔，她身為招聘經理有資格處理應聘者的簡歷，而不需要解釋。安潔憤憤地站著不肯走，男友感覺十分尷尬。見兩人不肯走，招聘經理瞟了一眼他們之後，解釋：「我不需要連履歷都要男友幫忙投遞的員工。」

男友彎腰從雜物堆裡撿起安潔的履歷，交給她說：「我到旁邊去等你。你很棒，要相信自己可以勝任這份工作。」

安潔重新把履歷遞給招聘經理，對方接過後放在一疊檔案上，開始收拾東西，同時告訴安潔：「有消息我會通知你。」

安潔拿出五塊錢遞上去：「不管有沒有好消息，請都打電話給我。我很想得到這份工作。就算是壞消息也請告訴我。這是電話費。」

招聘經理看了看安潔，有些詫異。安潔把錢放在桌面上，挺直了背脊離開了會場。

原本以為自己不可能得到這個工作，不料一個星期之後，招聘經理打來了電話：「週一來上班吧，就在我的部門。試用期三個月。希望你的工作能力可以跟面試時表現得驕傲樣讓人印象深刻。」

像大多數好強、不認輸的大學畢業生一樣，安潔到了新公司把工作放在第一位。娛樂、男友、朋友、親人都是次要的。她要讓看不起她的經理刮目相看。但是，現實給她狠狠地上了一課。安潔進公司企劃部兩個多月，經理安排她的工作盡是打字、列印、整理資料、沖咖啡之類的雜務，沒有任何技術性的工作。儘管她已經很努力，仍沒有任何可以表現的機會。周而復始的瑣碎工作讓她煩躁不安，她開始不那麼用心了，每天懶洋洋地混日子。

經理看到安潔的懈怠，把她叫到辦公室丟給她一個檔案袋：「該學的東西你不學，不該學的牢騷你倒是一大堆。與其花時間抱怨，不如試試做這個案子吧。」檔案袋中的資料是公司最近接到的一個大案子。安潔知道自己從來沒有做過企劃案，根本不可能獨立完成任務。但經理卻對她說：「做出來就繼續留下來，做不出來就趕緊走人。」

安潔聽了之後真想當場拂袖而去，但是好不容易爭取到這份工作，什麼成績都沒做出來，如果就這樣輕易放棄了，短期內很難找到類似的平臺了。沒有退路，安潔只好逼自己在最短的時間裡學會做企劃案。為了掌握更多相關的專業知識，有很長一段時間，她都加班到凌晨兩三點。坐在幽靜的辦公室裡，她聽到的只有鍵盤的敲擊聲和自己的呼吸聲。

即便她想得出很好的創意，但因為執行的經驗不夠，最終也可能無法獨立完成一份漂亮的企劃。但天道酬勤，多日的辛勞讓她終於做出一份大致的企劃案交給了經理。

結果經理把企劃案修改一遍之後，署上自己的名字提交給上級，隨後的專案解說會上該專案方案非常順利地通過，沒有人知道方案的核心創意，是安潔廢寢忘食地做了整整一週才做出來的。

經理分明是明目張膽地欺負她這個新人。但是為了不得罪經理，安潔把怒火壓了下來。安潔沒有想到的是，之後對方變本加厲，凡是棘手的難題，都交給她處理，而且動不動就威脅她要是不願意做就走人，這裡不缺人。

雖然說「吃虧是福」，但這個說法並不完全準確。一是要看你吃多大的虧，有的吃虧是要命的；二則常吃些小虧是可以的，對日後的生活有用，但是關鍵看吃虧之後有無反思，有無改觀。如果只是一味地吃虧，哪來的福？

安潔知道，如果一味妥協，就會永無止境地妥協下去。在經理三番五次這樣之後，安潔再也忍不下去了，委婉地向人事經理寫了封請求調動職位的信，且把自己和經理往來的工作郵件一併轉發過去。

很快地，安潔接到了職位變動通知：由於安潔工作認真細緻，處事講究方法，創新思維能力強，公司決定將她晉升為企劃部創意中心的負責人。部門經理本人雖然沒有遭到什麼處罰，但是明眼人都知道她已經失去公司的信任，再也無法隨意使喚安潔了。

對於命運設置的磨難，弱者的應對是退讓與憎恨，強者的應對是妥協與抗衡，更強者的應對是堅韌與抗爭，最強者的應對是自強與超越。

你多餘的犧牲，他看不懂也不心疼

Chapter 3

老天爺的事你管不了，
別人的事與你無關。
請守護好你的親密距離，
不要越俎代庖，
也不要被越俎代庖。

多餘的犧牲都是情感的重負

我們總善於傷害那些愛我們的人，
因為我們根本傷害不了那些不愛我們的人。

通常在愛情和婚姻關係裡，一點犧牲都沒有的狀況是不存在的，但更合理的方式應該是，不管哪一方做了多少犧牲，都是建立在雙方互相認可和接受的基礎上。否則，任何單方面傻乎乎的付出和心不甘情不願的犧牲，都是病態。

如果對方真的愛你、尊重你，希望你實現自我價值，便不會對你的犧牲表現得那樣理直氣壯、心安理得。同樣，你也不要以「我為你犧牲了這麼多」去綁架對方的人生，覺得全世界都虧欠你。事實上，你這麼做，是在虧待自己。與其想著怎麼美好的犧牲，倒不如想著怎麼漂亮地活。

有個女人來做心理諮詢。她訴苦說她與丈夫是大學同學，由於婚後丈夫找工作困難，又打算繼續深造，所以她放棄考公務員的機會，選擇工作供老公讀書，家裡一切的開銷及家務也全部由她承擔。

後來，丈夫讀完研究所，在上海找到了一份好工作。而那四年，她也努力做到了公司的中層。可是丈夫的公司更穩定、待遇福利更好，所以她選擇辭職跟丈夫去了上海。到上海一段時間之後，他們有了孩子，為了照顧孩子，她乾脆辭職當全職媽媽。

過了三年，她發現自己與丈夫漸漸地疏遠，不久丈夫跟她攤牌，提出了離婚的要求。她很不甘心，覺得自己簡直就是現實版的秦香蓮，丈夫就是陳世美。這些年她以男人的事業為重，多次放棄機會，一心支持他，最後竟換來這樣的結果！

不料男人振振有詞：「我逼你供我讀書了嗎？我威脅你去上海嗎？不都是你自己的選擇嗎？生活不能回到過去，現實的走向就是這樣，我對你已經沒有感情了，強求又有什麼意思？」

聽到這些，女人幾乎崩潰。她不是痛恨多年的犧牲原來是那麼多餘而無用，而是痛恨自己竟然沒看清，在婚姻中原來一直都是自己一廂情願地執迷不悟。假如他們的生活因為丈夫事業有成而逐步改善，兩人過著浪漫而富足的日子，她就不會覺得自己對他的支持和讓步是不值得的。

假如她預知七年後的生活走向是丈夫的嫌棄和拋棄，她就不會選擇主動放棄自強獨立的機會。假如不是她支持丈夫，而是換成丈夫全力支持她去追求事業，她覺得自己也會取得非常了不起的成績。

可惜生活沒有那麼多假如！何況捫心自問，若假設成真，她才是婚姻中那個事業有成的人，那麼當她每天面對一個沒有事業支撐的丈夫和其他更優秀的男人的時候，她會滿意這場婚姻嗎？這才是真相。

在婚姻或情感關係裡，當初自願的選擇，現在只能貼上犧牲的標籤，無論是對付出者還是享受者來說，都是一種重負。選擇支持愛人的學業，也算是一種善良的成全，而選擇支持對方的事業而完全放棄自己的事業，則只能算是一種多餘的犧牲。

如果我們從這段情感故事中抽離出來，更客觀地分析，也許還會看到更殘酷的真相。一個人在事業上取得成績，誠然有家人的支持，但根本上還是自身的努力。

婚姻中用各自的付出比例，來衡量彼此應有的責任，於理有據，但於情則不夠智慧，因為這樣做其實就是把婚姻當作一種投資，她期望用自己的時間、青春、耐心、事業心及發展機會，來換取丈夫的成功，然後換來丈夫的感恩、真情和永不變心。可是事與願違，於是她賠了本卻無可奈何。哪怕最終的離婚判決能給予物質的賠償，卻換不回她人生的損耗。

我們常聽到這樣的抱怨：

「我為這個家犧牲了這麼多，到頭來得到的卻是背叛！」

「我為他犧牲了自己的事業，熬成黃臉婆，他卻不要我了！」

「我為她得罪家人、疏遠朋友，把全部心思都放在她和孩子身上，現在她卻嫌我事業心不夠！」

這些話裡都有一個共同的詞語：犧牲，似乎只有犧牲才能換來情感、婚姻上的籌碼。但從邏輯關係上來說，一個人的犧牲並不是另一個人成功的唯一條件，甚至也不具備直接的因果關係。

不然，單身豈不是永無出頭之日？因為沒有愛人為他們做這些犧牲啊！

很多時候，**我們所謂的犧牲，都是一種多餘的付出，往往會成為雙方的情感重負。**身為付出的一方，需要不停地繼續強化最初的付出行為，以維持自己一貫的形象，即使自己已經不堪重負，也不能改變，否則就顯得前後矛盾、言行不一。越是這樣，內心積累的渴望情緒就越強烈，對對方的表現就抱持著更高的期望。若事情不是朝著預期的方向發展，內心很容易就失去了平衡，從而對兩人的關係產生強烈的質疑和絕望感。

身為另一方享受者，承受的心理壓力並不比付出者少，作為家庭改善經濟處境和社會地位的唯一出路，本來兩個人的事，現在一個人做，壓力可想而知。如果幸運成功了，而且雙方的感情沒有發生變化，當然皆大歡喜。倘若事情的發展出現了偏差，對方就會睜大眼睛質問：「你的良心被狗吃了嗎？」

當你把人生的需求完全交給別人去滿足時，就不要怪別人會讓你收穫失望。夫妻之間，本無血緣關係，最強的關係紐帶是彼此的喜愛和眷戀。沒有感情，再多的責任和義務都是乏味的。當年的美麗和溫柔，或者英俊與擔當，如今變成討債似的互相攻訐。愛沒有了，婚姻如何勉強維持？早知今日，何必當初。

其實你沒有參與對方的生活的時候，人家照樣活得好好的，還比現在更自由。明明缺乏平等意識，卻以愛的名義去做多餘的犧牲，強迫別人滿足自己的期待，就會失去了各自的界限。

真正的愛，是給別人需要的東西。如果你表現愛的行為，人家不在乎甚至根本不想要，自己還不開心時，就要停下來，思考自己的動機。但是偏偏有很多人明明內心十分不滿，卻仍然要去付出。為什麼？因為我們害怕對方離開，害怕對方用糟糕的方式對待我們，害怕獨自支撐失去的依賴感。這些都不是真愛，而是恐懼。

我們總是甘願被我們所愛的人傷害，因為我們愛他們。

我們總善於傷害那些愛我們的人，因為我們根本傷害不了不愛我們的人。

如果你所謂的愛是這樣，那麼，請停下來，承認自己的不成熟。不成熟的人連照顧自己的精力都不夠，哪有精力照顧別人？還是把時間和精力用於自我成長吧！

沒有了自己，就只是為別人而活

這是一個你怎麼定義自己，
世界就怎麼定義你的世界。
不要害怕改變，不要害怕嘗試，
人生並不是只有一種活法。

世間有一類人最痛苦，他們不知道怎樣按自己的意願生活，又不甘願生活受別人的擺布，害怕失去對生活僅有的一些掌控力，失去當下擁有的一些東西，便不得不終日被迫按照別人的要求行事。這種妥協的痛苦，是對無力改變現實的自己的不滿。

人之所以痛苦，並不是因為掌控力的缺失。喪失自我價值感才是根源。因為不知道自己的價值所在，所以不知道自己要堅持什麼，為什麼而活，也不知道應該為什麼而努力，只好按照別人的要求而活，根據自身最本能的願望而活。

當你逃不出這些思維的束縛，便會認為自己必須向當下的環境妥協。比如家庭，無論和睦不和睦；比如工作，無論喜歡不喜歡；比如維持一段社會關係，無論自己需要不需要。

於是，為了讓父母高興，你忍受著看不順眼的妻子，儘管心裡恨不得她快點從面前消失，但你不得不與她生活，忍受著她無盡的嘮叨與抱怨。為了讓孩子有一個健全的家，你忍受著貧困和一個不求上進的丈夫，雖然你痛恨自己當初有眼無珠，遇人不淑，無數次想就此一拍兩散，卻依然忍受著痛苦，忍受著那個不良人。

為了保住眼前穩定的生活，你忍受著艱辛的工作和一些難纏的同事，雖然你萬般厭惡這份工作，從早上一睜眼開始就抗拒它，可是你還是拖著疲憊不堪的身子，苦哈哈地擠地鐵，唯一的祈求是不遲到，雖然拿不到什麼績效獎金，但還能拿個全勤獎。

為了家中某一個人的期望，你放棄了自己喜歡的職業，投身於一成不變、無比枯燥的工作。無論你有多不願意接受被安排，但是你想，那是家人為了你好，他們不想你受苦，所以你也就放棄掙扎了。

我一直用「為了」來解釋你的安於現狀，你是不是覺得自己很無用、很委曲？你這麼不誠實地活著的原因，僅僅是你不接受自己正是那個自我價值感缺失的普通人啊！你無力反抗潛意識對你的自我追問，又需要一套說辭來說服自己心安理得繼續痛苦下去。於是，你一直不去尋求生活的另一種可能。

不要害怕改變，不要害怕嘗試，人生並不是只有一種活法。正如世界上最偉大的銷售員喬·吉拉德（Joe Girard），他一生換了四十多種工作，在三十五歲走投無路之時，才終於找到了能充分發揮個人才能的職業，登上了人生巔峰。

你所需要的，只不過是邁出一步，真正認知自我，重建自我的價值感。

要知道，你目前的人生不過是活在計較當中抉擇利害而已。兩權相害取其輕，你之所以願意擔負那麼多的委曲，是因為它能給你帶來眼前的利，無論是身體的，還是心靈的，唯獨沒有幫你構建真正的自我價值感。

比如，你為了父母而忍受妻子，可能的原因是：一是你無能為力，找不到更好的方法，又必須給兩老交代，所以你忍受一個你不喜歡的妻子，只不過是不想被別人說不孝；二是你必須依賴父母，也許他們能給你更多的物質保障，所以你不得不委曲自己，選擇犧牲個人的愉悅來成為父母眼中的好孩子。但終極的真相是，這一切和你父母無關，和世俗評價無關，也和你不得不忍受的妻子無關，只與你做出選擇的自我利益判斷有關。

比如，你為了讓孩子有一個完整的家，在貧窮中忍受著丈夫的傷害。看起來，你是善良的妻子、偉大的母親，其實你只是軟弱。你害怕你一個人無法給孩子幸福，你害怕你一個人忍受不了世間的冷眼，你害怕你一個人將來無法給孩子交代。雖然你擁有的很少，少得讓你極度痛苦，但你害怕一旦離開，連僅有的保障都會失去。所以你雖萬般不滿，卻拒絕改變。種種對不確定性的擔憂，讓你成了自己固有觀念的奴隸。

比如，你為了保住一份表面上還算湊合的工作，忍受著不好不壞的待遇，忍受著前程不明的惶恐，也忍受著工作過程的痛苦，和與同事相處的不融洽。這一切的一切，都只因為，你認為自己沒有能力找到一份更好的工作，你不得不忍受下去。你想著這份工作至少可以維持日常開支。所以，你無法享受工作過程的樂趣，反成了時間和金錢的雙重奴隸。

所有的這一切，令你非常痛苦。接下來會發生什麼變化？

其一，痛苦會產生憤怒。這種憤怒會激發你的自衛性反擊，由於這種反擊看來針對的不是產生痛苦的對象，於是在別人看來，那只是一種簡單的發洩或排解。

比如，某公司的老總一大早因為和老婆吵架，到了辦公室還餘怒未消。恰好有位業務主管要彙報工作，老總極不耐煩地說：「這點事都解決不了，我要你們幹嘛？」這位主管碰了一鼻子灰，悻悻然地回到了辦公室。這時，主管的下屬業務員有事請示，主管極不耐煩地說：「這種事情還來找我解決？你們怎麼不多動動腦子？自己想辦法！」這位業務員碰了釘子，感覺很沮喪。下班回到家剛坐下，兒子想問他數學題，他氣呼呼地說：「就你事最多！讓我清靜一會兒！」兒子被爸爸的無名火搞得很鬱悶，正要溜走，卻被自己一向很寵愛的小貓絆倒。兒子的火氣沒處發，朝著小貓又踢又叫：「討厭，沒看到我很煩嗎？叫什麼叫！」

這就是著名的「踢貓效應」。表面描述的是一種典型壞情緒的傳染過程，但事實上，它描述的卻是因為痛苦產生了無法壓抑的自衛性反擊，而向弱者轉移。

從公司老總到可憐的小貓，構成了一個傷害力逐漸減弱的金字塔。如果我們的傷害力比傷害我們的對象強，或者差不了多少，我們就會直接反擊。如果我們的傷害力與傷害我們的對象相差太多，我們無力迎戰，這種自衛本能就只能發洩在弱者身上。那些向你提出種種要求的親人或情人，或許其中有一兩個表現得較為強勢，但是他們的傷害力，實際上與你相差不了多少。

所以，你為某事而委曲自己，內心又產生各種自衛性的攻擊情緒，讓你變得焦躁、易怒，你以一個痛苦者的心智模式活著，心中充斥著種種被逼迫的無奈。你不明白，你其實是以「我是被逼無辜的受害者模式」，來拒絕改變所需要承擔的代價。

這是一個你怎麼定義自己，世界就怎麼定義你的世界。當你以一個受害者的心態去面對生活，你就已經變成了生活的受害者；當你以犧牲的姿態去面對世界，你會真的被世界犧牲。

其二，痛苦會產生積極功能。當你感覺被忽視、被傷害或者不被關愛，情緒都會刺激你提升自尊感，從而實現自我療癒、自我修復和自我進步。

雖然世間確實有一些痛苦，是我們怎麼努力都無法讓它消失或緩解的，但那只是藉由不可抗力的因素導致的少數情況。大多數的生活來自人際傷害的痛苦，完全可以透過自我努力避免，只不過我們往往看不清自己真實的訴求。

魚與熊掌不可兼得，既然選擇了當下的舒適（你會說我很痛苦啊！既然你不改變，就意味著你害怕改變會帶來更大的痛苦，此時雖苦，相較之下，依然是比較舒適的），就得承受它所帶來的自我意志壓抑。即使如此，我們的內心也不必因此而暴烈不安，我們完全可以追求主動安穩的幸福。

只要我們明白自己的行為是可以改變的，他人的攻擊純屬無法自主的本能，我們先修煉出強大的包容力，然後把自己的心智模式切換為自我實現模式，就可以讓自己變成一個可以終止任何傷害的強者。

有一些好，永遠不會被感激

別人對你好是因為別人喜歡，
你對別人好是因為自己甘願。
不是所有的付出都有回報，
也不是所有的付出都需要回報。

有個老師說過一句很有道理的話：「永遠不要為你愛的人付出太多，除非你做得到永遠不求回報。」這句話說得很好，我們總是打著愛的旗號，理直氣壯地控制他人。只要有一點爭執，覺得付出較多的一方就會說：「想當初我對你……」

如果一個人的善意行為被自己定義為不對等的付出，一旦對方的回應達不到他內心的期望，失望便會產生。可是，我得說失望的絕大部分原因在於自己。「付出感」是扼殺愛情的元凶，額外的善意可能是情感的毒藥、情緒的炸藥，它會在不知不覺中扼殺你和對方想要的更平等、更自由的幸福。

某一位祥林嫂類型的長輩，堅持她給予家人善意的對待，又責怪丈夫和孩子沒有對她報以感恩之心。她每天早上一起床，就開始抱怨丈夫，先按財富排行榜把丈夫和熟人比較一番，再按勤勞模範榜把丈夫和其他男人比較一番，還會根據體貼榜、性格榜等做比較，最後得出丈夫窮、懶、不關心家人、脾氣壞的結論。隨後，她的念叨又轉到兒女身上，她覺得大女兒長得太矮，二女兒學校成績太差，小兒子身體太弱。

只要一有機會，她就不斷地跟人訴苦，說自己的家人這裡不行，那裡不好，怎麼辦才好喔？自己一個人做得這麼辛苦，日復一日為他們操心，為什麼她對家人那麼好，卻沒有回報，也得不到認可？她覺得自己活得好委曲。

其實，沒有人逼她天沒亮就起床忙家事，一切的辛苦都是因為她擺脫不了「本性」，因為她有「委曲自己，寬以待人」的討好型人格，所以每天重複著得不到感激的辛苦生活。同時，她總是心有不甘。一個典型的「怨婦」就這樣誕生了，她從早到晚挑剔家裡每一個人。雖然她是家中最辛苦的，卻也是引爆所有衝突的那一個。

換句話說，只要她認為對他人的好必須有所回報，才能獲得愛與被愛的滿足，那麼這樣的好就很難被感激。因為別人生活中的自主選擇，並不一定需要你的善意干涉。

這不僅是一個需要換位思考的問題，它還涉及更深層的同理心。比如，有一天，另一個命比她還苦的遠親來找她訴苦。起初她會同情對方，主動給予一些善意的建議和物

質的幫助。當對方一再找她訴苦時，她幾乎想馬上把他趕走。

我問她為什麼，她說：「誰受得了這種人，一開口就一直說她有多辛苦！」

聽到這裡，我笑了：「你不是也這樣嗎？」

她一聽勃然大怒，不肯承認，因為她覺得自己的付出是那麼真實，而且她能舉證自己所受的苦多麼冤枉。而別人的傾訴，對她來說根本就是莫名其妙的騷擾。她沒有想過，其實大家都不容易，大家都有自己的苦。對人對己，我們的標準，差異竟然是如此之大。

她的內心，無疑是愛她丈夫的。為了讓家裡的日子過得更好，她隨時隨地提醒丈夫應該跟她一樣努力，那是善意的。但是，她動不動就用道德綁架家人，結果讓這些好，不僅不被感激，還成了家人想要逃離的情感負擔。所以，家人對她不僅沒有感恩之心，而且從來沒給她好臉色。

我記得，一個來找我做諮詢的男人，曾經絕望地說過這些話：「她是對我很好，可是早知如此，還不如沒有對我好過。她動不動就拿『我對你如何如何好』來壓我……」

人生本來就沒有相欠。別人對你好，是因為別人喜歡；你對別人好，是因為自己甘願。不是所有的付出都有回報，也不是所有的付出都需要回報。當你在某種關係中有強烈的付出感，說明這段關係可能已經臨近崩潰！

生活都是自己選擇的，無論是為老婆放棄了愛好，還是為老公犧牲了青春，抑或是為孩子放棄了事業，一切的一切，只要不是別人脅迫你這麼做的，那麼在那個當下，你就完成了情感的平等交換。你不能將你的這種善行，當作像錢存進了銀行，別人必須在某天根據你所期望的利率還清本息。

路，是我們自己在走的，沒有人能理解我們最真實、最具體的感受和需求。不管是心理學家、情感專家，還是人際關係諮詢師，即使可以為我們分析，為我們提供解決問題的建議，但是他們不能代替我們去理解我們經歷的一切。決定權最終握在我們手裡。可是，有誰天生就能懂得自己想要的一切，並給予這一切呢？除了我們自己，沒有任何人可以！

終極愛與被愛的需求，只能由自己去滿足。

這個世界上，只有唯一一個是應該的，就是你應該愛自己，因為要愛自己，所以你要提升愛的能力。

一味胸懷天下，只會讓自己不爽

無論你把悲傷或快樂說得多麼生動，
都沒有人能真正感同身受。
在複雜而微妙的關係中，
我們最難把握那種剛好的善意。

有句名言說得好：「世界上只有兩件事最困難，一是把別人的錢裝進自己的口袋裡，另一件事是把自己的想法裝進別人的腦袋。」

人類是深度合作的物種，天性中都有依賴同類的需求。我們不可能完全沒有交集，所以，需要在一個彼此都感覺舒服的範圍裡求同，同時也需要尊重個體的個性差異，接受對方的不同以求存異。

每一個生命都有著完全不同的歷程，每一種意識都經歷了自己獨特的形成方式。**在複雜而微妙的關係中，我們最難把握那種剛好的善意。**

比如，善良的你，心中總是裝著別人。你以為你應該為他撐起天下，你以為只有給他最好的、取悅他、將就他，才能守得住彼此的承諾。然而，你是愛吃肉的狼，所以認為應該給吃素的他端上精心準備的羊肉，結果他完全吃不下你送上的大餐。你甚至會以為那是他故作清高，或者認為自己送上的東西還不夠好。其實，以己度人的你，只會讓自己不爽，還不如一開始就不要那麼多事。

通常的情況下，我們很難看清事情的全貌，何況人與人之間並不存在絕對的互相理解。語言世界上沒有所謂的感同身受，那不過是一個美好的詞語。就像《生活的藝術：葛印上老師的內觀》中的一篇〈彎曲的牛奶布丁〉一樣。

兩個窮困的小男孩，在城市和鄉間挨家挨戶乞食為生。其中一個男孩出生時就失明了，由另一個男孩照顧他。兩人就這樣一起生活。

有一天，失明的男孩病了，他的同伴對他說：「你留在這裡休息，我到附近討點東西，再帶食物回來給你吃。」然後他就出去乞討了。

那天，正好有人給這個男孩一樣非常好吃的食物：牛奶布丁。他以前從未嚐過布丁，覺得非常可口，但很可惜，他沒有碗盤可以將布丁帶回去給他的朋友，所以就把布丁吃光了。

他回來後對失明的男孩說：「實在很抱歉，今天有人給我一樣很棒的食物，叫作牛奶布丁，可惜我沒辦法帶回來給你吃。」

失明的男孩問他：「什麼是牛奶布丁？」

「喔！它是白色的，牛奶布丁是白色的。」

由於男孩生下來就失明了，他無法瞭解：「什麼是白色呢？我不知道。」

「白色就是和黑色相反的顏色。」

「那什麼是黑色呢？」他也不知道什麼是黑色。

「唉！試著去理解看看呀！白色！」

但失明的男孩就是無法理解，於是他的朋友四下張望，他看到了一隻白色的鶴，就捉住了這隻鶴，將牠帶到失明的男孩面前，說：「白色就是這隻鳥的顏色。」

由於失明的男孩眼睛看不見，他伸出手，用手指去觸摸這隻鶴：「現在我知道什麼是白色了，白色是柔軟的。」

「不是不是，白色和柔不柔軟完全無關，白色就是白色！試著再理解看看！」

「但是你告訴我白色就是這隻鶴的顏色，我仔細摸過了，牠是柔軟的，所以牛奶布丁是柔軟的。白色就是柔軟的意思。」

「不，你還是不理解，再試試！」

失明的男孩再一次仔細觸摸這隻鶴，他用手從鶴的嘴巴摸到脖頸，一直摸到尾巴末端。「喔！我現在知道了，是彎曲的！牛奶布丁是彎曲的！」

失明的男孩不能瞭解白色，因為他沒有感知白色的能力。

同樣的道理，在你的情感或人生境遇中，**無論你把自己的悲傷或快樂說得多麼生動，都沒有人能夠真正的感同身受**。因為他人不是你，也沒有機會代替你去品嚐你的牛奶布丁。

一個人的天生能力、教育背景、生活方式和人生經歷，決定了他對事物的感受，以及他面對各種感受的方式，我們並不具備真正理解另一個人的能力，也許只有天神才具備那樣的能力。所以，如果一味地為別人著想，總希望為對方做得更多，雖然這樣一來能展現你的天性善良，卻同時暴露了你的天性傲慢，因為這樣做的時候，其實你已經將自己凌駕於他人之上。

你所謂的善行，很可能是對外界做出評判後選擇的一種行事策略。你很可能是不斷地犧牲或委曲自己，來換取別人的理解或信任。你的出發點是好意的，只是沒想到結果竟然是讓自己不爽。

如果，你認同以上的分析，那麼不如退一步，重新審視一下自己的行為。

你主動展現善良了，別人為什麼沒有用善良回應你？

你自認是善良的人，是不是因為你受傷害的時候不會反擊？

你沒有離開差勁的伴侶，是不是因為離開了你就沒有存在感？

你不敢拒絕向自己求助的人，是不是一旦拒絕你就沒有價值感？

你很善良幫別人做了很多事，只是因為你還沒有吃夠善良的苦頭。或者，說你胸懷天下，不過是對自己的一種拒絕，你在自己身上找不到足以支撐自己向前行的力量，找不到獨自面對未知恐懼的勇氣，所以才會不斷地向外尋求，希望找到同行的夥伴，找到一種安全感。無論你的好意會換來多少委曲，你都默默地忍受。你一心想成為別人眼中更好的自己，只是因為沒有勇氣成為更真實的自己罷了。

當善良讓你一直做出錯誤的選擇，當現實把你打得滿地找牙時，你將不再苛求自己隨便善良。

或者，你可以試一試南懷瑾先生在《禪與生命的認知初講》一書裡，相傳的一個咒語：「有一個同學，有一次忘了什麼事，我說我傳你一個最好的咒語：『去你媽的！』後來這個同學告訴我，哎呀！老師，你這個咒語真有用，當我痛苦的時候，我就想起『去你媽的』，人就好了。」

除了你，誰也沒資格打擊你

有時候，你不逼自己，
你就不知道自己有多優秀。

你是否總是在想別人是否喜歡你，每天在猜測中渡過？人一旦因為這種內心的不安而感到迷茫，便可能一味地軟弱下去，最後在眾人的目光中倒下。很多美好，就是這樣斷送在無謂的不安與軟弱當中。

在某個心理訪談節目上，一個女孩說因為自己長得醜，大家都看不起她，主管愛整她，同事愛挑剔她。若是有同事在她背後交頭接耳，她就會生悶氣，覺得人家又在嘲笑她、批評她了。總之，全世界都和她過不去。所以，她最後的結論是：她要去整型，要隆鼻。但是整了型，她依然覺得自己不美，內心十分痛苦。

其實這個女孩長得並不醜，看起來至少身材勻稱、四肢修長，五官也算端正。唯一的缺陷是，她的臉上缺少少女應該有的青春氣息，她的表情總帶有一種委曲以及怨恨，看起來有一股奇怪的陰鬱感。只要她不要老緊繃著一張臉，稍微化點妝讓臉的表情柔和起來，那麼她的氣質很可能會有很大的改變。

可惜的是，她的不安帶來的猜疑破壞了一切。比如，她說公司檢核部的人總是故意挑她的錯。檢核人員的本職工作不就是挑錯嗎？她卻認定是針對她，因為她長得醜。她又說，她最氣主管找她麻煩。實際情況是，其他同事也被主管批評，然而別人都能心平氣和地接受，只有她總當作找碴，一定要投訴老闆。

從她的表述中得知了她對自己的認知有問題，當期訪談節目的心理學家決定和她進行兩個遊戲。一個遊戲是他和主持人當著她的面說悄悄話，讓她猜猜他們說的內容是什麼。另一個是打人遊戲。

心理學家和主持人耳語了一番，然後問她：「你覺得我們剛才在說什麼呢？」

女孩說：「肯定是說我今天的穿著有問題……」

心理學家笑了：「你聽到我們說的話了嗎？」

女孩說：「沒有。」

「那你聽到過那些同事說的話了嗎？」

「沒有。」

「也就是說，你不知道人家說了什麼，卻主觀地認為他們一定是在說你的壞話。」心理學家繼續解釋，「其實我們剛才在討論待會兒誰要請客吃飯，然後，主持人還說她注意到你的耳環很漂亮。」

女孩覺得不好意思了。

心理學家接著說：「其實，我們身邊有人走過時，我們都會下意識地瞄一眼，但不代表我們就一定會談論他。」

女孩聽了之後，若有所思：「可是，很多人都愛說我長得醜，還不會打扮……」

心理學家站了起來，他說：「我要打你。你要是過來，我就打你。」然後他問：「我打到你了嗎？」

女孩搖了搖頭：「可是，如果你一定要打我的話，一定打得到。」

心理學家請女孩走到他身邊，這下子，他的拳頭果然可以打到她了。

接著，心理學家又不斷地做出要打她的姿勢，但是要女孩不要走過來，然後他說：「我要打你，一定要打你。」隨後他又問：「我打到你了嗎？」

女孩搖了搖頭：「我明白了。第一次，你說要打我，沒打到，因為我沒走過去；第二次，你打得到我，是因為我走過去讓你打到我；第三次，雖然你說一定要打我，但是我不走過去，你就打不到。」

心理學家說：「有時候，別人確實會傷我們的心，既然我們知道誰要傷害我們，我們為什麼不退避三舍，反而要湊過去讓自己受苦呢？別人說你不美，你就一定要用他人的主觀感受來評判自己嗎？」

沒有人有資格打擊你，除了你自己。很多時候，有一些傷害，我們可以不自己製造，有一些傷害，我們可以不迎接。

一位挺有寫作天賦的作家曾對我說，有人在她的微博留言，指責她不是寫作的料，就算寫了書也沒人會出版，還說了一些抨擊的話。她對此很氣憤，說不想寫書了。

我就覺得奇怪了：她都還沒寫完，就因為別人幾句話而放棄了準備許久的作品？這是典型的將自己的人生寄託在他人的評判之上的現象。她不明白，自我肯定，自我相信，自我激勵，是我們最大的權利。

我們所能得到的都是自己努力的回報。正如人們常說，如果有不幸，你都要自己承擔，別人的安慰有時候於事無補。所以，**我們沒有必要一邊忍受別人的打擊，一邊獨自難過，我們應該努力把自己的驕傲和快樂寫在臉上。**

當然，有的人確實是嘴臭，似乎不挑挑別人的刺就沒辦法證明自己的存在感。有個作家，總愛評判誰誰誰整天寫也不能把自己寫成莫言，寫成郭敬明。這就好像人家連孕都沒有懷，他就在那裡批評人家的孩子長大沒出息。這樣是不是太過武斷了？這位偉大的批評家好像也沒有寫出什麼驚世之作，連俗作也沒見到呢。

面對這種人，我們實在惹不起、但躲得起。千萬不要自己撞上去找不自在。我們生來必須接受作為社會一分子的關係束縛，但是，**我們要學會用部分的束縛去交換部分的自由，然後在這些自由裡，成長為更好的自己。**

雖然成長必然充斥著傷痛，但不要因為自己的不自信，就假想他人是在批評自己，沒有人肯定自己，讓自己處於各種關係的不利地位。

英國作者比爾・布萊森的《萬物簡史》一書中，有一段很好的話：**「我們要做自己的主人，做自己的上帝。」**很多有益的、甚至只是自己喜歡的事情（不包括違法的），自己喜歡就好。「只要熱愛，就已足夠。」

如果我們做某件事時希望別人肯定自己，只能說，我們對那件事還不夠熱愛。很多時候我們需要聽取他人的意見，並不意味著我們一定要聽信別人的說法。有時你真的不知道，這些人是不是在胡說八道。

不被別人的言行左右，才能開始做自己的主人。**有時候，你不逼自己，你就不知道自己有多優秀**。就像電影《阿甘正傳》裡說的，生活是一盒裝滿了各種口味的巧克力，你若不打開吃，就永遠不知道自己拿出來的是什麼味道。

請守護你的親密距離

你要知道，老天爺的事你管不了，
別人的事也與你無關。

曾和一位智者討論黎曼幾何（Riemannian geometry），我問過他一個問題：「什麼是數的本質？」

他回答：「數本身所反映的本質之一必然是界限。」一加一等於二，並不是指，累加兩個一模一樣的東西，而是將兩個有界限的某物相加；若沒有區分，數字一和數字二，就失去了數本身的意義。

正如這個世界上沒有完全相同的兩片葉子一樣，世界上也不會有價值觀完全相同的兩個人。早期受的教育不同，童年的經歷不同，讀的書、接觸的人不同，自然信念體系就會不同，看待問題的角度、解決問題的方法也會千差萬別。

有清晰界限感的人會意識到這種不同，並尊重這種不同。而界限感模糊的人，面對

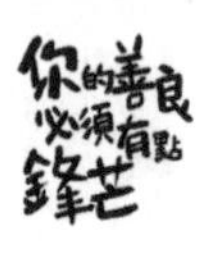

彼此間行為的差異時，會非常痛苦：

「你怎麼這樣做事？」

「你怎麼能這樣對我？」

「你怎麼會有這種想法？」

心智不成熟的模式思維讓他們不能理解，為什麼別人不能按自己的想法去做事。由於習慣性地以自我為中心，而不是理解和接受各自的界限，很難接受差異，總認為別人的做法不對。於是，越俎代庖侵犯別人的邊界。

魯迅筆下的主人翁阿Q，就是這種思維的典型代表。

用三尺三寸寬的木板做成的凳子，未莊人叫「長凳」，阿Q也叫它「長凳」，城裡人卻叫「條凳」，他想：「這是錯的，好可笑！」油煎大頭魚，未莊都會加上半寸長的蔥葉，城裡卻加上切細的蔥絲，阿Q心想：「這也是錯的，好可笑！」

很多類似的思維邏輯，可能造成可笑的場景或帶來某些遺憾。其實生活中只有三件事：自己的事、別人的事，和老天爺的事。**你要知道，你只需要做好自己的事，老天爺的事你管不了，別人的事與你無關**。然而，在我們界限感很差的思維國度裡，認知自我、認知世界的教育，一直是我們所缺少的。

隨意的言論，隨意的資訊傳播，那是界限感模糊的人做最多的事。比如，在朋友圈發給大家一些並不優質卻稀奇古怪的文章。這些文章很可能缺少真正的思考，習慣用極端的例子來說明觀點，而不是用推理來證明觀點。比如，以為別人都不知道，所以轉載一些別人其實並不需要的常識。這些其實都在傳達一個隱藏的觀念：「我學到的就是對的、好的，你一定要知道、贊同。」

這讓我想起了希臘電影《狗牙》（Dogtooth）的開場白。它發生在一個奇特的封閉家庭裡，描述了極權的父母用語言表達，來控制三個孩子對世界認知的荒誕場景：「今天，我們要學習的新詞包括：大海、高速公路、遠足旅行……大海是一種皮質沙發，當你累了，你就可以坐在大海上休息。高速公路是一陣強烈的風。遠足旅行則是一種堅硬的材料……」

每一個生命都會因為自己的經歷，而有了無法複製、絕不相同的體驗，因此會有不一樣的認知體系。我們習慣從自己的座標出發，去推測、揣摩、評價另一個人，卻完全忘了，對方也有自己的體驗，有一個與我們完全不同的認知體系。所以，即使我們換位思考，也無法透過理解而精準地知道對方的感受和認知體系，由此，可能帶來許多人際關係的認知錯位。

絕大多數人之所以平庸（主要是不作為）地活著，卻又享受不了平凡的快樂，是因為欠缺最起碼的常識和認知能力。他們幾乎都是矛盾的綜合體：既自大又自卑，眼高手低，目光短淺，好高騖遠，多重標準。有時己所欲施於人，有時己所不欲施於人；心機深、卻又膚淺天真……

把承認道理是對的、和懂得道理，當成一回事，於是導致「懂很多道理，依然沒過好這一生」的情況出現。

因為缺乏邊界意識，所以不尊重別人的選擇，當遇上別人不領情或不買帳的情況時，經常得為自己的自以為是買單。也因為我們一直在為別人買單，然後又有很多「單」指望別人來買，於是吃了很多人際關係的苦頭。

其實你受的這些委曲，不過是在告訴你，你是可以避開這些遭遇的。我們能做的是守護好親密距離，不去侵犯他人的界限，為自己的行為負責，為自己的選擇買單就好。

重新發現自己，確立自我邊界，完成獨立成長。這真的是一件很難的事。因為我們全部的行為邏輯，都內化在意識系統裡，如果我們想要改變已存在的意識系統，得打碎固有觀念再重建它。

我想，沒人喜歡做這種事。以前認為本來應該的事、本來可以享受的福利和行使的權利，都得否定，那無異於把自己輾碎，然後重新拼湊一個自己。

不管多難，我們還是要重建自我，如果希望未來過得更幸福的話。

說到這裡，我覺得我有必要在本章末尾寫一些總結。

一，人有權利在痛苦裡掙扎，沒有哪條規定要求所有人都必須快樂，因為某種痛苦的終極意義對於某人的天賦本能來說，不過是兩權相害取其輕的最佳選擇，如果選擇痛苦A可避免更大的痛苦B，他完全可以選擇A。

二，人生幾十年如夢如幻，往事如煙，當下的感受和對未來的期待，還是會讓我們追求更多的幸福感和愉悅感，我寫的東西在某個角度來說，可提供一些認知參考。

三，善良如我，有權選擇自己喜歡做而又不傷害人的事。

所以，該如何在守護親密距離的同時，慢慢地重建自我？我的建議是：

- 放棄對親密關係的過度在乎，學會在自己的身上尋求支撐和肯定，哪怕因此遭到他人的反對和指責。學會堅持自己的觀點，而不是委曲求全或者攀附某人。
- 時刻提醒自己慣性思維的缺點，隨時跳出自我，反省自己的言行，別因為短暫的感受就馬上肯定或否定。別因為一時看不到惡果，就覺得不需要去改變。
- 你要明白，優秀的人都有能力在不知不覺中努力把自己變成更優秀的人。
- 誤會和不被理解是常態，不要逼別人懂自己，也不要逼自己去取悅他人。
- 「一切皆有可能」的意思是，下一秒發生什麼都理所當然，遭遇是非或升職加薪，得病或中獎，失望或驚喜……我的意思是當你掉進井裡時，親友們可能會救你，也可能選擇繞路走，甚至朝井裡扔石頭，這些都很正常。老天的事，要好好配合，天下雨就要打傘。殘酷才是青春，吃苦才是人生。

- 當你能坦然接受一切、客觀認知一切的時候，請重視承諾，且學會拒絕別人。不會拒絕別人的人通常會答應太多事而做不到，然後讓自己內疚、別人失望……
- 守護好你的親密距離，不要越俎代庖，也不要「被越俎代庖」，別人的選擇與你無關，人有犯錯或痛苦的權利，你我他都一樣。愛是給予幫助關懷，坦誠地表達自己的觀點，然後深情地擁抱、衷心地祝福，告訴自己在乎的人和在乎自己的人：不需要我時，我絕對不打擾；需要我時，我永遠都在。
- 自己想做的事，只能自己做，不可以假手他人。別人怎麼做事，我們無權干涉，只能尊重和接受，當然，你想知道關係可以壞到什麼程度，可以隨便玩。

Chapter 4

你有多好，他就有多壞

有時候，
我們要對自己殘忍一點，
不能縱容自己傷心失望。
有時候，我們要寬容，
切勿縱容，要學會說「不」。

可以寬恕，但不能忘記

有人說，胸懷是被委曲撐大的；
有人說，時間是最好的良藥。
所有的寬恕，就是和過去的自己握手言和。

從小到大，我遭遇過被嫌棄、被背叛，也遭遇過被整個團隊排擠，被人誤解更是家常便飯。一開始，我會努力地解釋，甚至試過刻意討好別人，以求被善意相待。結果，我卻發現根本沒用，於是我乾脆沉默不語，選擇用行動去證明自己。

有人說，胸懷是被委曲撐大的；有人說，時間是最好的良藥。隨著工作年資的累積，交友圈越來越廣大，自己的興趣也廣，便時常和不同的人玩在一起，被說花心，我也習慣了，從不辯解。但我一直相信人的內心有向善的一面。我堅信，出門在外，總會有許多熱心的人在你遇到困難時出手相助。我也堅信，許多人對他人的傷害都是無心的。但是，靠不住的人還是有的。

那天，我一個人吃過晚飯下樓散步，我突然覺得應該感激生命中所有善待過我與傷害過我的人。我不知道這種感情是不是寬恕，它更像一種內心平靜接受一切的態度。

然而，我也很糾結。一方面，我覺得可以寬恕，但不該忘記，我不能忘記自己身上所有惡劣的、糟糕的，曾經讓人崩潰的、讓人委曲的、讓人想爭口氣的人和事；另一方面，我又覺得盲目的原諒與同情是對惡的縱容，是對善良的褻瀆。

在看韓國電影《今天》之前，我很難想像女主角宋慧喬這樣一個以甜美形象著稱的女明星，有一天會出演一個如此苦大仇深、在內心邊緣掙扎的角色。電影講述她心愛的丈夫被從未謀面的未成年人開車連撞兩次喪命，在一個修女不厭其煩地勸導，以及她自己的內心善良與怨恨的劇烈撞擊下，最後她輕率地選擇了原諒對方。

說是輕率，不如說是一種順其自然、一種被迫，結果這樣的行為又迫使她不斷地尋找答案，尋求自己這樣做的意義。她害怕面對真相、面對現實，因為她害怕自己的寬恕是一種錯誤，害怕自己為死去的丈夫做的最後一個決定毫無意義。由於內心的恐懼，她開始自欺欺人，相信自己的決定是正確的，甚至要教化別人跟她走一樣的路，去原諒那些惡人惡行，減輕犯罪者的內疚。

殊不知，盲目地原諒反而成為減輕那些人罪行的捷徑，讓他們提早脫離苦海繼續帶給別人痛苦。**有時候，我們得收收自己的同情心，面對有些惡，不應輕易就揮霍我們的**

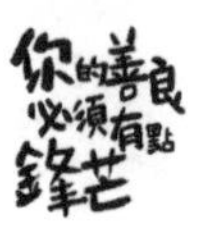

善良。

莫言登上斯德哥爾摩頒獎臺時，自稱是一個講故事的人。那天晚上，他的演講基本上也是由一個個故事串接而成，大部分是他親身經歷過的故事。

我印象最深的是「記憶中最痛苦的一件事」。在這段故事裡，他說到自己少年時，母親去田地裡撿麥穗，被守麥田的人打倒在地、口角流血，而那個看守麥田的人竟吹著口哨揚長而去。多年之後，母子兩人與那個看守麥田的人相遇時，對方已經是一名白髮蒼蒼的老人，莫言想上前去質問他，想為母親報仇。母親卻拉住他，平靜地說：「兒子，那個打我的人與這個老人，並不是同一個人。」

這是一個非常有意思的故事。莫言的母親，顯然已經寬恕了眼前這個白髮老人，但是對那個「打了她、吹著口哨揚長而去的人」，並不想讓他知道他已經被寬恕了。當然，善良如她，更不會讓成年的兒子為自己報仇，雖然她並沒有忘記當年的事情。

人性有豐滿複雜的一面，黑暗骯髒與純潔善良，很多時候會詭異地融合在一起。人性的反覆無常就是如此，是與非從來就不是絕對的對立。面對那些內心感到愧疚、也曾經倍受煎熬的人，我們可以寬恕，但不能盲目諒解與同情，因為那是對惡的縱容，對善良的褻瀆與曲解。**寬恕只是與過去的自己握手言和，只跟自身的感受有關，需要的不僅是仁慈之心，還有善良的智慧。**

最後，我想講一個很久以前發生的故事。

那天，我坐在公車上昏昏欲睡，突然被經過身邊的某位大媽用胳膊肘狠狠地撞了一下，將我的眼鏡直接撞掉到地上。我撿起來一看，鏡框歪了。我冷著一張臉接受了大媽的道歉，但是心裡極度不爽，我這付眼鏡才剛買不久啊！

下車的時候，一個小男孩剛好經過我身邊，我避之不及，一腳便踢到他。一旁年輕的母親心疼孩子的表情和責怪我的眼神，讓我的頭皮發麻，趕緊道歉，問小孩痛不痛。誰知，小男孩對著我一笑：「一點也不會痛，不痛！」他拉著媽媽離開時，還不忘轉身跟我說再見。

那一刻，我因為寬恕那位大媽而產生的自我道德優越感，瞬間碎了一地。我發現，在孩子的世界裡根本沒有寬恕兩字，因為他們還沒學會怪怨。

縱容他人，是對自己殘忍

你發現單方面的忍讓、妥協，無益於對改變現狀。

我們生活中、工作中最大的困難，往往不是來自技術上的問題，而是來自人際交往中的一些棘手問題。這個時候，善良如你，很可能選擇退讓，選擇委曲自己，選擇寧願自己受累也要成全他人。然而，時間久了你會發現，**單方面的忍讓、妥協，無益於改變現狀**。你發現用這樣的方式經營人生，只是讓對方更加得寸進尺。

李丹是某公司老總的女兒。大學剛畢業的她不願意進入爸爸的公司接受庇護，她想先去其他公司好好地鍛鍊一下，在自己真正有能力之後，再進爸爸的公司接受更高職位的安排。

爸爸對女兒的想法表示贊成，李丹透過爸爸朋友的介紹去面試了幾份工作，最後進入一家公司。剛開始一兩個月，李丹的部門經理，也就是她爸爸的朋友，對李丹很照顧，再加上李丹確實很有能力，因此工作得舒心而快樂。然而，兩個月之後，原來的經理升職了，來了一個新的部門經理。這下子，李丹的日子不好過了。

新經理剛上任還沒有幾天，就調李丹去做沒人願做的苦活。她實在不能忍受，想辭職。但轉念一想，這份工作得來著實不易，前任經理又對自己器重有加，更重要的是這份工作是自己喜歡的。如果現在捲舖蓋走人，會讓爸爸和前任經理失望，也正中了現任經理的下懷。

想到自己當初的豪言壯語，她覺得不能就此認輸。不過她清楚自己不能再容忍了，必須採取一些行動，讓自己在部門有立足之地。

有一次，現任經理把自己的一份檔弄丟了，結果卻不知怎麼在李丹的辦公室裡找到了，於是現任經理借機找她談話。但是，他沒想到李丹竟然拍桌子對他說：「在沒有調查清楚事情的真相之前，我希望你不要如此定論。首先，我沒有拿你檔案的動機；其次，你無權未經允許就翻員工的物品；最後，我要正式申訴，大家都是一樣的工作時間，你安排給我的工作量卻比其他同事多出好幾倍，這不合理，我保留向公司申訴的權利。」

經過這麼一吵，雖然現任經理怒不可遏，但李丹說的句句在理，他只得忍氣吞聲。從此，他對李丹的態度開始有所改變。

接著，李丹決定以自己的實力贏得經理的尊重，時時事事都做到精益求精，好上加好，讓現任經理無可挑剔。如此一來，李丹的業績進步神速，接連做了不少案子，連原本對她不是很熟悉的公司總裁見到她，也總是面帶微笑和她打招呼，不忘鼓勵她幾句。

面對現任經理對自己的百般刁難，李丹剛柔並濟，既不懦弱也不自傲，而是在隱忍中恃機而發，透過自己的努力維護自身的利益，一舉成功，既讓上司知道自己的隱忍，也讓上司知道了自己的底線，一切都讓他掂量著辦。這就是一種與上司相處的自我保護智慧。

也許，你也曾傻乎乎地以為善良就是一切為別人著想，自己的一切都可以放棄，自己可以受委曲，而對方終究會理解你、甚至被你感動。而事情並非如你想像。沒有底線的善良、寬容、退讓，其實就是縱容，會讓對方得寸進尺，最後把自己逼到牆角。

三毛說：「有時候我們要對自己殘忍一點，不能縱容自己的傷心失望；有時候我們要對自己深愛的人殘忍一點，將對他們愛的記憶擱置。」

幾年前，我有一個同學因為出國的事情與男友爭吵，最後兩個人分手了。她不僅刪了他的所有聯繫方式，還在他守在宿舍樓下時，往樓下潑冷水。宿舍的女生一面倒地同情那個男生，覺得她太殘忍了。

接下來的日子裡，深夜裡總會聽到她隱忍的哭聲像一隻小貓的叫聲衝破寂靜的黑暗，停了又起，起了又停。畢業後，她去美國讀博士。後來一個偶然的機會，我向她提起那段校園愛情，說到她的狠，她說：「我不是對他狠，我是對自己狠。」

這是一個智慧的女子，不僅懂得不縱容他人，更懂得不縱容自己。而現實生活中卻有太多過於柔弱的善良小女子，在容忍中耗盡了愛情。

朋友小 A 原本是個知書達禮的好女子。別人視為洪水猛獸的婆媳關係，她卻不以為意，覺得自己和男友是真心相愛的，平時和父母關係親密，將來只要自己也對婆婆好，將心比心，又怎麼可能有矛盾呢？

懷著對幸福的憧憬，她與男友小王走進了婚姻的殿堂。遠在北京的我看到她 QQ 空間裡滿滿的幸福照片，也忍不住發出衷心的祝福。像她那樣一個楚楚動人的善良女子，值得任何一個男人終生呵護。

過了兩年，他們有了自己的寶寶。看到小寶寶的照片，我想，這真是一個幸福的女子，有一個愛惜自己的老公，有了自己最心愛的孩子，一家人能如此甜蜜地生活下去，夫復何求？

沒有想到，過了半年卻傳來小 A 離婚的消息。電話裡，我大為詫異地問：「怎麼回事？你們不是很恩愛嗎？」她輕輕地一笑，掩飾不住滿心的憂傷：「我敗給了他媽，敗給了他們全家了！」細問之下，她才道出苦衷。

結婚之後，婆婆就搬進了他們的愛巢，說年輕人不懂照顧自己。小 A 本來也想和婆婆搞好關係，所以不顧丈夫的反對，同意讓婆婆過來同住。第二天，她就開始不適應了。婆婆習慣早起，雖然她早起也只是為他們準備早餐。可是在婆婆的觀念裡，小 A 沒有上班（小 A 是編劇，不需要上班）就應該早起幫家人準備早餐。小 A 說她要幫電視臺寫劇本，會工作到很晚，但是婆婆就是不聽她的解釋。

有一天早上，小 A 正在睡夢中，突然被婆婆叫醒：「天氣變冷了，你有沒有提醒老公加衣服？你做人家太太現在還在睡，這樣像話嗎？」小 A 昨天改稿改到凌晨三點才睡，一大早又被罵醒，而且丈夫都是成年人，難道不知冷熱……

其實她婆婆一直覺得小 A 和兒子結婚，是她占了便宜，因為她「沒上班」，而且自己的兒子又優秀，小 A 根本配不上他。

矛盾在小 A 懷孕時開始升級，小 A 在家裡只能吃婆婆最喜歡做的那一兩樣菜，想出去換換口味都會被婆婆數落。坐月子的時候，婆婆打麻將，丈夫加班……如此一來，萬分委曲的小 A 終於爆發了，開始跟婆婆吵架。有一天，婆婆竟然惡意向她兒子告狀，說小 A 因為一件小事罵了她，還在坐月子的小 A，竟然被氣憤的丈夫打了一巴掌……

兩個人的愛就這樣漸漸地消耗殆盡，為了過得安寧一點，小 A 選擇了離婚。

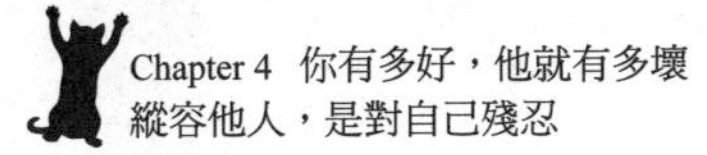

一時的包容忍讓誰不會呢？包容你到脾氣無上限最後拍拍屁股走人，那簡直是再容易不過的事情了。但懂你的人，一定清楚怎樣相處，他明白自己的忍耐極限，因而不會一味地縱容你，他會把你往利於良性迴圈關係的方向導引。

所以，別讓自己生活得太累，任何關係都需要共同維繫，那是彼此的義務。**要敢於叫對方承擔責任，要寬容，但切勿縱容，要學會說「不」**。記住，對他人過分容忍是對自己的殘忍。我們要善於做一隻溫良、但有武器的刺蝟，適當地為自己爭辯。在該強硬的時候強硬，該溫和的時候溫和。

想給他人力量，先讓自己發光

人生苦短，別用不適合自己的生活方式害自己。

人生最痛苦的往往不是失敗，而是「我本來可以的……」。也有那麼些年，我不知道人生的意義是什麼，不知道活著是為了什麼。每個人都會有這樣一段迷惘的時光。首先，我肯定迷惘一陣子是好事。至少說明我們還有追求，對生命的意義還有追問，還想搞清楚自己要的是什麼。

人生最可怕的是不知道自己要什麼，人云亦云，依附他人，或者將別人的成功（財富、名氣、影響力），簡化成自己的目標（賺錢、出名、向上爬）。然後以為這些就是自己追求的，拚命努力，卻發現所有的結果都不是自己想要的，沒有成為自己想要成為的那個發光發熱的人。最後，既沒能照亮自己的人生，也不能溫暖別人的人生。

人生苦短，別用不適合自己的生活方式害自己。雖然**堅持自己喜歡的，不一定能很快成功；但堅持自己不喜歡的，一定很難成功**。所以我經常跟一些迷茫期的朋友說，如果工作不是自己喜歡的，我勸你「馬上換，一秒都不要耽誤。」但也有的人，換了無數個工作，沒一個做得長久的。這個工作覺得瑣碎，那個工作覺得無聊，這個工作覺得有難度，那個工作覺得心累。怎麼辦？

我覺得這是一個缺乏基礎能力的問題，不是單純喜不喜歡的問題。比如，有人想當演員，可是沒有演技，只能苦哈哈地跑龍套、當配角，他也會覺得很苦、很累。這個時候，我們就要問自己，究竟是工作自己不喜歡，還是沒有能力做好自己喜歡的工作？很多時候，不是我們工作的行業不適合，而是工作的具體內容不適合，我們必須經歷過那些不適合我們的工作，才能勝任我們喜歡的。

我原來是做行銷的，雖然很努力，但是內心非常排斥與人交流，所以做得非常痛苦、非常惶恐。那時候我懂了這個道理：**不是因為我工作的行業不適合我，而是我必須掌握那些看上去很無趣的技能之後，才有機會去做自己最喜歡的事。**

我認識一位老師叫做元小畢，他一開始想做工程師。但是工程師有很多種，比如設計工程師、應用工程師、測試工程師、分析工程師。按照他的專長，最適合他的職位是技術工程師。可惜，他被分配到應用工程師。每天跑上跑下，保存樣品，做實驗，做完實驗後，還要拆卸檢驗。

這與他最初設想的工程師生涯不符，他每天都過得很沮喪、很糾結，每天都問自己

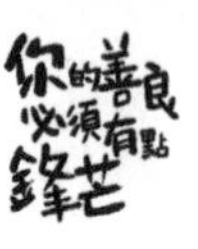

無數次，如何擺脫不利的環境，走出陰霾的人生。有一天，他無意中聽到公司高層對大家說：「你們有這麼好的語言環境，要好好和辦公室的老外交流啊！」一語點醒夢中人，他決定提升語言能力作為職場發展的突破口。

為了克服不敢與外國人交流的心理，他每天問自己怕什麼，並對自己說，你只是小畢，別以為別人會在意你。說錯了大不了被笑，又不會死。如果不去嘗試的話，永遠不知道結局是什麼。但是努力過，總會有收穫，即使失敗了，也可以知道下一次如何避免重蹈覆轍。

小畢開始行動。他先看中文版的工作內容，再看英文版的工作內容。把內容搞懂後，拿著英文版去找老外請教。問外國專家問題只是一個方式，學習專業知識和英語表達才是重點。他給自己制訂了一個計畫。每天上午問一次，下午問一次，每次兩個問題，之後回家就自學，每天堅持學習英文和專業知識四小時。

從一開始的不敢開口，到每次問問題時多聽少說，再到後來的簡單回應，他的口語能力逐漸提升，克服了對專業英文知識的恐懼。他的心情好極了，就算說到不熟悉的內容，他也不怕。因為他知道，英文只是交流的工具，講不清楚的時候，還可以搭配手勢，實在不行，還可以寫下來。他再也不會在乎其他同事的看法，有工作就忙，空閒時間就找外國專家聊天，然後回家就是寫英文日記。

不久，由於職位變動，他變成了一名測試工程師。後來，他又做了分析工程師。最後，由於他的口語能力出眾，跳槽到另一家企業做品質工程師時，獲得了出國深造的機會。由於他是少數幾個能到國外接受培訓的人，那些技術標準之前他跟外國專家交流已經有所接觸，於是，改聘他為技術工程師。

那一刻他明白了，那些年打過的雜、受過的苦，都只是為了今天成為一名技術工程師的機會。

奮鬥的路上，選擇了，就要一步步地走下去。人生不迷茫，先得自己堅強；要想給人力量，先讓自己發光。幸運就是努力學習，努力提升自己的能力，機會出現的時候，可以抓得住。如果我們今天不去嘗試，不去勇敢地面對自己、提升自己，將來老去，必定後悔不已。

不抱怨，不過別人嘴上的人生

想得多，做得少，
抱怨越多，成功越遠。

人總是容易被別人的話語打動。我們生活的環境裡，也有些人打著善意提醒的幌子，把自己的想法強加給他人。明明羨慕別人身材苗條，嘴上卻說，「你太瘦了，要多吃點。」明明自己有一顆玻璃心，嘴上卻經常勸別人，「大氣一點，想開了沒有什麼過不去的。」

掛在別人嘴上的人生，就是你的人生嗎？「如果你沒瞎，就別從別人嘴裡認識我！」總有人說，你是什麼人便會遇上什麼人，你是什麼人便會選擇什麼人。然而很多時候，你面對一個困境：為什麼別人這樣做行，我做就不行？於是，你總是抱怨個不停。

想成為一個什麼樣的人，就要朝著這樣的目標去努力。

李嘉誠講得好，為什麼你一直沒有成就？

因為你隨波逐流，近墨者黑，不思上進，死愛面子！因為你畏懼你的父母，你聽信你親戚的話。你沒有主張，你不敢一個人做決定。你觀念傳統，只想打工賺點錢結婚生子，然後生老病死，走和你父母一模一樣的路。因為你天生脆弱，腦筋遲鈍，只想按部就班地工作。因為你想做無本的生意，你想坐在家裡等天上掉下來的禮物！因為你抱怨沒有機遇，機遇來到你身邊的時候你又抓不住，因為你不會抓！因為貧窮，所以你自卑！你退縮了，你什麼都不敢做！你沒有特別技能，你只有蠻力……

誠然，我們如何行動，取決於我們對世界的解讀。**想得多，做得少，抱怨越多，成功越遠**。我怕你嘴上掛著許多抱怨，終將成為你的人生。

我也在想，人之所以抱怨，原因很多。其中一種情況可能是，因為被人使喚、身體沒有自主權，或者受了別人的氣，因為痛苦而抱怨。

一種可能是期待落空了而抱怨，比如：媽媽希望孩子好好地寫作業，孩子就是不聽話；妻子希望老公能記住自己的生日，可是老公還是忘記了；婆婆希望媳婦下班之後多做點家事，不要使喚她兒子，可是媳婦動不動就讓她兒子代勞……建立在別人身上的期待落空之後，就會抱怨，這是一種欠缺對外界控制權的抱怨。

還有一種抱怨是抱怨的衍生版，即希望破碎。一個辛苦供老婆讀完博士的男人，沒有得到老婆的恩情回報，最後以離婚收場。一個終日為了丈夫忙裡忙外還被嫌棄的女人，得不到預期中愛的回報……如是種種。

我們不會抱怨那些不會與自己發生利害關係的對象。比如，我絕不會抱怨住對面的小姐對我不友好，因為我沒有和她往來。我絕不會抱怨鄰居沒有錢，因為我又不打算認識他們。我更不會責備樓下超市的小姐工作偷懶，關我屁事？

但我們會抱怨男友的某些行為讓我們為難，因為我們真的為難了；我們會抱怨公司同事愛聊天，因為有時會影響我們；我們會抱怨父母不愛我們，他們總拿我們和別人比較，打擊我們的自尊、製造精神壓力；我們偶爾也會抱怨快遞送件延誤，害我們白等，我們那麼急著要看資料……我們還會抱怨衣服又變小件了，刀子又不好用了，下雨路不好走……一切的一切，都是與我們有直接利害關係，才成為我們抱怨的對象。

然而，抱怨對改變我們的現狀並沒有什麼用，我懂得這個道理，你也懂得這個道理，所以**不要再抱怨了，也不要過別人嘴上的人生**。請遠離那些喜歡抱怨、指責和發脾氣的人，這樣的人充滿了負能量，只想把你拉進他們的感受裡，而不是和你一起解決問題。做個不挑剔、不抱怨的人，不要等到不可收拾，才後悔自己浪費了情緒，還失去了自己在乎的人或工作。

我們是誰，取決於我們的行為讓我們成為什麼樣的人。當你發現你總是得到你不想要的東西，請看看自己是不是總在做與希望背道而馳的事。當你發現自己的行為總與期待不一致，請看看自己解讀世界的方法是不是出了問題。

如果你留意一下，會發現無論電視還是電影，真正讓人感動的不是主角很輕鬆地獲得幸福，而是他們獲得幸福的過程萬般艱難，我們總為他們克服艱難的勇氣和智慧所感動。幸福沒有那麼容易，他們可以幸福，是因為他們擁有著我們所沒有的克服困境的能力，可以經歷那些我們不願體驗的艱苦過程。而我們的滿足，也恰恰來自於他們克服了困難。

有時，我們自以為能主宰什麼，但現實卻殘忍地讓我們發現自己毫無能力，是什麼也控制不了的可憐人。有時，我們自覺一切不是可控制、可理解、可接受、可逃避的災難，我們卻發現似乎冥冥之中有一雙手，在幫著我們。

你要感恩上蒼的眷顧，還是抱怨命運的不公，完完全全端看於我們怎麼理解自身的遭遇。

照顧別人之前，先把自己顧好

善良其實也是一種能力，
雖然這樣說似乎有一點炫耀的意味。
要嘛選擇自己喜歡的，
要嘛喜歡自己選擇的。

前幾天，朋友打電話跟我傾訴，他最近的情緒非常低落，感覺工作沒意思，但是又不能不工作，不工作就沒收入，所以很痛苦。

生活中有很多人和我朋友一樣，為人本本分分、善良溫順，做著自己不喜歡的工作，在痛苦中數日子過活。唯一的盼望是每個月的薪水。不敢跳槽，害怕找不到合適的；不敢辭職，害怕失去經濟來源。

如果一個人無法享受工作的過程，可能很難創造出工作的價值。當金錢奴隸的感覺肯定不好，但我想問，為什麼我們對財富的追求欲望那麼強烈，以至於很多人寧願坐在寶馬裡哭，也不願坐在自行車上笑？背後隱藏的原因，可能是我們需要一種安全感。

生存本能決定了，只有我們擁有抵抗生存風險的能力，對身邊事物有支配力的時候，內心才會有安全感。物質的富有程度在一定的層面上，關係到我們抗風險的能力。同時，它還決定著我們可以自由支配的時間和自由生活的方式。

然而，世間安得兩全，不累肉體、不累心？

我們生存於世，常常是身體很苦而心也不輕鬆。比如，睡覺對我來說是人生最重要的事，其次才是物質生活。如果哪天沒有睡好，我會覺得特別難受，覺得自己沒有精神（完全是心理暗示），然後就想找機會發洩這種難受的情緒。可是，為了薪水，我必須每天早上七點多拖著疲乏的身體起床，然後一邊回憶昨夜的夢，一邊想著彼此毫無關聯的事，一邊為自己剛想到的精妙語句、但瞬間又忘記了而後悔不已。就在這樣的胡思亂想中洗臉、穿衣。

我只記得，一路上陰晴不定，風雨兼程，難得欣賞萬里晴空和雨雪紛紛。我心中那個難受啊……身體累、心累、大腦累，總之一個字：累！

後來，我開始反思，為什麼會覺得身體累、心累？是不是因為我們必須為了生存，而犧牲生命中部分時間和空間的自由？如果物質富有，也許不用犧牲時間去換取空間。

因為我們只想做支配者，而不是被支配者，所以凡是支配我們的，都會讓我們覺得失去了掌控感，失去了安全感，因此讓我們感覺累，讓我們感覺沒勁兒。這也是人們對那些對自己呼來喚去的人，十分反感的原因。

我們在累裡終日計較得失，然後又逼著自己去做不喜歡的事，成天跟自己較勁，而不敢打破被動的生活模式。我也希望找到一種雙贏的模式，讓我既感覺愉快、又能得到較好的物質回報。但是，親愛的朋友，這樣的生活不是一開始就會有的。我們通常要面對的是魚和熊掌不可兼得，而不是兩全其美的局面。

面對自己不喜歡的生活，有選擇就有得失，想要自由，就不能怕清貧，想要獲得更豐富的物質滿足，就不要怕辛苦。

我們要嘛選擇自己喜歡的，要嘛喜歡自己選擇的。所以，當朋友問我，工作不喜歡怎麼辦，我就直截了當地建議：離職！離職！離職！你不喜歡，你就不會投入；你不投入，你就做不好；你做不好，就不可能對工作有掌控力；你沒有掌控力，就會覺得活得很累、很失敗；你覺得很累、很失敗，就會更加地不投入。親愛的，你就這樣陷入了惡性循環，哪有精力照顧他人……

這就是為什麼，有的人在習以為常裡走向平庸，本來滿心善意希望照顧家人，結果往往只能在一些小事上提供幫忙。弱弱地告訴你，操控力或者說掌控力，就是所謂的自

我實現，而你的世界之所以不像你期望得那麼好，不過是因為你還不具備相應對的生產力，所以你有心而無力。

一個剛畢業的女孩想應徵一家互聯網公司的產品經理，要求月薪不低於十萬。人力資源經理問她：「你知道一個產品從立項可行性申報開始，到完成生產投入市場的具體流程嗎？」她搖搖頭奇怪地問：「這些不是技術員做的嗎？我適合做管理……」

人力資源經理又問她：「那你的技術員因為產品遇到問題求援，你怎麼解決問題？」她繼續辯解：「這個事情應該有專門的人去解決，我只要安排他們去做就好！」

人力資源經理被嗆壞了：「你要知道，在我們這行，一個沒有工作經驗的人不可能馬上月薪十萬……」她不服氣地說：「我一個同學剛畢業就進了一家國營企業，人家月薪就不止十萬……再說，北京消費水準這麼高，我不可能去做連保障基本生活都不夠的工作……」

人力資源經理徹底崩潰了，找了個藉口將她打發了。

那天，人力資源經理還面試了另外一個苦惱著要不要跳槽的男生。

那時，他已經在同業工作了一年，理論上就算經驗不豐富，也應該具備基本技能，人力資源經理比較看好他。然而，他卻糾結於公司的待遇沒有比之前那家好，心中頗為不甘。

他不斷地追問薪水、具體有哪些福利等等，當人力資源經理告訴他，工作頭三年，不應該計較薪水的時候，他說：「我得保障我的最基本的生活。你看，現在這個工資，交了稅費、房租，扣除交通費和吃飯開支，基本上剩不了多少。我總得買衣服，請朋友吃吃飯什麼的吧？這樣的薪資，根本不夠……」

人力資源經理覺得他們所要求的基本生活太高了。經理從業兩年，待遇是人民幣五千元基本工資，加八百元餐飲補貼，這在北京絕對是拉低平均工資水準的一個數字，但他並不覺得基本生活得不到保障，也不輕易放棄這個依然喜歡的工作。

他真的不覺得開口要求月入十萬是合理的，雖然應徵者所說的種種現實狀況，他也都能理解。即使公司付得起這個薪水，他還是會考慮對方是否具備對等的工作能力——真給了他們那樣的職位和薪資，他們能夠勝任嗎？

同理，如果你是老闆，沒能力，但是心地善良，對員工很好，可是員工跟著你沒什麼前途，你覺得員工會怎麼選擇？我覺得，**善良其實也是一種能力，雖然這麼說似乎有一點炫耀的意味**。

「善由心生，善良是一種選擇。」這是我至今聽過最好的詮釋。

有求必應的善良，不是一種正常的行為。哪怕你的善良是與生俱來的性格，也要看你是否有能力照顧他人。

不懂得拒絕，慢慢地你就被毀了

輕諾則寡信。

這往往是善良的人變得不誠實的開始。

曾經有一個極有天賦的學弟，到一家公司後表現得很友善，主管吩咐他做任何事他都會爽快地答應。

但是沒多久，主管發現交待他的工作，他都完成得特別慢。一開始，主管以為他性格散漫，所以找他談話，後來才發現，因為他對業務流程不熟悉，導致工作無法完成。最後，他覺得自己真是吃力不討好，沒多久乾脆離職了。他之所以離職，只不過是因為他不敢拒絕自己無法完成的工作。

我還遇過一個沒有工作經驗的畢業生，她在應徵筆試時，其中一個自己不太瞭解的問題，寫了一個自以為是的答案準備矇混過關。結果她沒有被錄取。她失去機會的原因，不過是她不好意思在那一道不懂的問題下留下空白。

我相信，如果可以的話，多數人都不希望別人對自己失望，所以都不想把美好的承諾變成令人失望的結果。只是大多數時候，我們總是因為不忍拒絕他人，而承諾太多自己做不到的事，以維護自己的面子或者尊嚴。

於是，**輕諾則寡信。這往往是善良的人變得不誠實的開始**。我們有一種拒絕面對自身局限的慣性，不願意讓崇拜者或自己在乎的人失望，以至於絕大多數時候，我們幾乎在都說著各種不同程度和類型的謊言。

我們不敢說實話，因為害怕得罪人，因為害怕自己令人失望。很多情況下，善意的謊言似乎成了一種必備的能力。因為沒有能力承擔誠實的後果，所以我們選擇了欺瞞，或者選擇了隱瞞。雖然我們有種種藉口，如果不想傷害別人，不想主管生氣，不想媽媽擔心，不想男（女）朋友或老公（老婆）懷疑……種種打著不想傷害別人旗號的欺與瞞，其實最終都是為了讓自己好過一點。

為了讓自己好過一點，我們不停地向他人兜售幻覺。可惜所兜售的那些幻覺，總是離現實太近。我們所說的話太容易被拆穿——明天就給你結果、保證下週弄出來、下個月一定完成。就像我多年前和媽媽承諾，我長大後要買給她最貴的貂皮大衣，可是我長大很多年了，連件像樣的衣服也沒買給她過，更別說貂皮大衣了。

為了讓自己在心靈舒適區裡待得更久一點，越是善良的人越不懂的拒絕；然後，面

對承諾又只得拖延或者逃避，結果自己把自己活成一個笑話。因為想讓他人高興，總想得到他人的認可，所以我們在不懂拒絕的背後，要尷尬地面對被拆穿的那一刻……

我也相信，只要不是以欺騙謀求純粹物質性利益的人，都不會是惡意的欺騙者。每一個人每一天或多或少說著動機不一的謊言，但多數時候，我們只是為了讓事態平衡，衝突放緩，減少他人對自己的敵意，雖然這也是自私的行為之一，卻與「己不欲，勿施於人」的道理不謀而合。如果你不想被他人傷害，那麼就不要傷害他人，這也是多數非絕對欺騙性謊言得以存在的基礎吧？

不過，多數以「照顧他人感受」為藉口的違心之言、違心之舉，往往傷人更深，有時比直接遭遇物質性欺騙還讓人痛苦。因為，物質性欺騙牽涉的對象多半是陌生人，涉及情感成分較淺，導致的損失也多為純粹物質或經濟損失；而顧念他人感受的違心之言，對象多半是熟悉的人，涉及的情感成分較深，造成的痛苦則多為精神上的愚弄，重則導致一個人對你的觀感完全崩潰。你費了九牛二虎之力取悅他人，最終卻辜負了他，得到的自然是他的不滿甚至怨恨……

之所以出現這種情形，是因為我們一開始不敢拒絕。如果我們希望未來的生活不那麼失控，我們就要學會誠實，不要因為害怕他人否定自己的價值，而輕易承諾或不懂拒絕，無論對方是誰。**我們要面對最真實的自己，接受自己是一個普通人的事實。**如果對自己都不誠懇，又何以善待他人？

人生寄一世，奄忽若飆塵。請適度地學著拒絕，雖然一開始的時候會很難受，別人也會覺得驚訝。但是，誠實就是你的人生信用卡，你越是按期還錢，銀行就越願意把錢借給你。要知道，我們的承諾，是對他人的負債，你遲早要還的！

從現在開始，承認自己有一些事情做不到，放棄一些不合理的掌控欲，承諾自己可以做到的，然後心安理得去享受自己所得到的就好。

你沒那麼堅強，但只能獨自堅強

Chapter 5

傷害你的人，
從來沒想過要幫助你成長，
真正讓你成長的，
是你的痛苦和反思。
經歷本身沒有特殊的意義，
讓它變得有意義的，
是你的堅強。

學著「示弱」，別憋出內傷

如果你承認了自己其實沒那麼堅強，你還會這麼死撐著嗎？

一個小孩和他的父親在花園裡玩耍，父親請他將一塊大石頭搬開。但是，那塊石頭很大，小孩根本無法搬起來。他非常地用力，大汗淋淋，但父親看著他說：「你還沒有竭盡全力。」

那個孩子很委曲：「我已經盡全力了。我不知道還能怎麼辦？」

父親說：「你還沒有竭盡全力，因為你還沒有請我幫忙！」

很多時候，我們面對困境只是一昧地堅持。

如果你承認自己其實沒那麼堅強，你還會這麼死撐著嗎？

我聽說過一個大學生的故事。我們暫且稱他為小趙。小趙是他們村子裡的第一位大學生。為了供他讀書，家中幾乎算是傾家蕩產，所以他身上一開始就背負著全家人的美好願望，大家都指望著他找一份好工作，然後讓家人過上好生活。

小趙畢業後到一家商業銀行實習，和他一起進這家銀行的實習生有十多個，他是唯一一個來自農村的孩子，成績最好，表現得最勤快，很得上司的賞識。實習結束後，只有表現最好的兩個人留了下來，他是其中之一。

父母覺得終於盼到了，他也覺得生活可以過得更舒適了，出於孝順，他決定將父母從老家接到北京跟他一起生活。然而沒想到才到了第二年，小趙的人生就發生了巨大的轉折。他要贍養父母，還要承擔弟弟的學費，經濟壓力大幅劇增，最後他竟然因為一件小事丟了工作。

那年，他已經結婚了，還在郊區供了一間套房，每月的收入只夠開支，基本上是月光族。但是他不想讓父母擔心，也不想讓別人看到他的困難，依然按以往的生活標準死撐著過日子。

父親愛抽菸，他不想給父親買便宜的菸，又沒有閒錢，偶然的機會，他開始悄悄地從銀行接待處拿一些招待客戶的香菸回家。一來一去之間，有一天被經理撞見了。儘管小趙又是寫檢討書又是找人求情，依然沒能保住工作。一時的糊塗毀了他的前途。

離開銀行之後，他沒找到一份像樣的工作，為了讓一家人有個安穩的生活，他找了沒有發展前景、令人厭倦，但薪水還算夠用的工作。因為家裡要養的人實在太多，貧賤夫妻百事哀，他妻子承受不了壓力，原本感情甚好的兩人，最後竟然協議離婚。

有時候小趙下班回家，在地鐵上就忍不住想，如果當初不那樣死撐著，早點跟妻子和父母攤牌，一家人好好的協商，比如讓父母回老家，種農過日子，他再寄些生活費回去，等生活真正好起來，再接父母過來一起住，也許可以過得更從容一些，也就不會導致最後這樣的結局。

他覺得是自己硬要背負的東西太多，不好意思求助，不好意思委曲父母，不好意思放下自己的虛榮，這種處處好強的性格毀了自己。

也許，你和小趙有一樣的難處。也許你最近幾年遇到的挫折也比較多，但是憑著自己的堅強一次也沒有倒下。你在外地打拚，經常打電話給父母，心裡其實很需要安慰和鼓勵的時候，得到的卻總是他們善意的規勸，他們總說，你要努力，要好好的工作，要照顧好自己。

然而，那個時候聽到這些，也許你會更難過，那種孤獨感根本擋不住。於是，有一天，你終於撐不住了，打電話跟家人說，「我受不了了，我失去自信了，已經在崩潰的邊緣了。」沒有人鼓勵你，引導你，所有的事都是靠自己死撐，你每天要跟自己講很多的大道理，才能堅持下去不倒下。這時，你爸媽才告訴你，其實在他們心中你很棒，他們正是因為覺得你做得很好，才覺得沒有必要給你什麼鼓勵。

你掛掉電話就明白了，可能很多人跟你一樣，越是外表看起來光鮮，越是在死撐著，所以不會跟人求救，更不會向誰示弱，以至於沒有人無法理解你心裡的脆弱。然後，你才真正明白了那句話，「適當示弱，才能拿到 OK 繃，止住血；一味好強，就只能自己拚命生產抵抗力，慢慢地治癒創傷。」

如果，你知道請求幫助沒什麼的話，你還要把自己憋出內傷嗎？更何況，在生存的智慧（包括人際關係）裡，示弱並不等於弱者。相反的，它是一劑良藥，適當地示弱，適當地開口尋求幫助，更能取得事半功倍的效果。

最典型的例子是，對許多女性來說，聰明的示弱可以為她們贏得更多的幸福。比如，有一類的示弱是溫柔。

女人：「哎呀，你說了算……就聽你的。」

男人：真有面子！

比如，有一類示弱是謙虛。

女人：「啊！這個我不會呀……還是你厲害！」

男人：心花怒放！

比如，還有一類示弱是策略。

女人：「啊！我很笨的，恐怕不能把事情做好。」
結果女人做得不錯，男人：刮目相看！
結果女人做得不好，男人去補救，就回到了上一項。

太在乎別人，就只能自己受苦

「先己後人」，也許聽起來很冰冷，但它會幫你和這個世界好好地相處。

如果你問了一個問題，你的朋友給了你各種各樣的答案，但是無論你選擇聽從誰的建議，只要你做錯了，其他人就會跳出來教訓你，說你當初如果聽他的就會怎樣怎樣。

我認為問題的關鍵是，你不可能一輩子遇到事情都聽別人的建議，更關鍵的是，沒有人永遠是對的。只要你聽錯一次，又會有人出來說同樣的話。你要知道，**如果讓那些給你建議或者指責你的人，經歷你所經歷的事情，他不會做得比你更好，所以他們沒資格評論你。**但是，大道理誰都懂，怎麼做，卻千差萬別。

小蘇是一個很在乎別人看法的人。上大學的時候，有一次他和朋友到江邊的公園玩，因為事先看過天氣預報，知道會下雨，所以都帶了傘。下午快四點的時候，路過一條都是小攤販的商店街，這時突然下起雨來，攤販人群以最快的速度散開躲雨。

小蘇和朋友也很快地躲到了路邊的屋簷下，然後小蘇注意到馬路中間有一個沒有腿的乞丐，正努力地用雙手往對面的屋簷爬去。雨順著他已破爛的衣服流了下來，他的頭髮濕透了。他低下頭努力讓自己不被雨打濕，繼續努力地往前爬。

當時小蘇的第一個反應就是打開傘，可是他正要走過去的時候，卻發現周圍的人沒有任何動靜，他們平靜地看著乞丐在雨中挪動，於是小蘇猶豫了。「大家沒有看見那個乞丐嗎？」他詢問自己的同學，想從他那裡得到一絲鼓勵。「要不要過去幫他打傘？」他小心翼翼地問。「不用吧，大家都沒有過去，他一會兒就到了吧。」

小蘇退回到屋簷下，收了傘，默默地低下了頭。乞丐的確不久就爬到了屋簷下，很快地雨也停了。只是那晚小蘇躺在床上的時候，總是睡不著，一閉眼，腦海裡就浮現乞丐在雨中低著頭、努力靠雙手向前爬的樣子。

為什麼不過去幫他打傘，明明有這個想法，為什麼不去做？因為大家都不去？因為怕別人覺得自己很做作？因為害怕做出跟大家不一樣的舉動？因為太在意別人的看法？

很多時候對我們來說，別人說什麼似乎很重要，別人會怎麼看我們似乎也很重要，但重要的其實是，我們獨一無二的生活塑造了現在的自己，我們要有堅持做自己的理由，這個理由也只有我們自己才會知道。那些所謂的別人對我們的看法，只是自說自話罷了。如果我們完全聽信，那就活該，我們自己糾結，自己受苦。

我很早之前就明白了一個道理：**先己後人。也許聽起來很冰冷，但它會幫我們和這個世界好好地相處**。這是我給一個諮詢的女孩開的心靈處方。

她曾經也過分在意他人的感受。上大學時，她不敢在寢室裡哼歌，怕打擾室友。即使是冬天，也堅持去陽臺打電話。如果晚上八點以後室友在的話，她洗完澡會到樓下樓管處的阿姨那裡吹頭髮。

如果這些小事還算在她體貼同學的範疇內，某些時候，這些習慣則真切地造成她的生活困擾。工作之後，她甚至不敢跟半夜打呼影響睡眠的室友反應，她只會跟男朋友哭訴。只要室友說她新買的衣服有什麼不妥，她就不敢穿出門。她一度也很痛苦，覺得一直在努力善待身邊的人，卻沒得到相應的善待。

慢慢地，她發現自己的善意根本是多餘的。她的室友會唱幾個小時走音的歌，也會在客廳裡大聲講電話，一大早有人還在睡覺的時候照樣吹頭髮。

我告訴她應該「先己後人」。我的本意並不是教她做一個自私的人，只不過人活在世上，首先應該考慮「我想做什麼」、「我想要什麼」，然後再考慮這件事對他人的影響，最終決定要不做，或者在何種程度上遷就他人。很多人不會照顧你的感受，而你也不必時刻遷就他人，誰都沒有這樣的義務。真的，太在乎別人，只會讓你自己受苦，特別是在兩人關係當中。

我跟她分析完這些事情之後，她明白了，很多時候她的善意，她對他人的遷就，別人並沒有注意到，更不會為此感謝，甚至有人抓住這一點給她壓力。別人並不像她那麼在意身邊人的感受。如果有誰被打擾了，可以直說：「我在看電視，你可以去房間講電話嗎？」或者，「我想睡了，麻煩你把電視轉小聲一點。」

並沒有誰會因此覺得被冒犯。包括那位總挑剔她新衣服的室友，之所以對她評頭論足，是因為只有她會在意、又不好意思反駁。另外兩位室友會直接回答：「我很喜歡啊！」或者半開玩笑說：「我穿什麼，關你什麼事啊。」

我再講一個經典的案例，你看完之後，很可能會心一笑。

這是一對情侶同一天的日記。

女生的日記寫著：

昨天晚上他真的是非常非常的古怪。我們本來約好一起去一家餐廳吃晚飯。我白天和我好朋友先去購物，結果到那裡就晚了一會兒，可能是因為這樣他就不高興了。

他一直不理我，氣氛超僵的。後來我主動讓步，說我們好好地溝通一下吧。他雖然同意了，還是繼續沉默著，一副無精打采、心不在焉的樣子。我問他到底怎麼了，他只說「沒事」。

後來我就問他，是不是我惹他生氣了。他說不關我的事，要我不要管。在回家的路上我跟他說我愛他。但是他只是繼續開車，一點反應也沒有。我真的不明白，我不知道他為什麼不回「我也愛你」。

到家的時候，我感覺我可能就要失去他了，因為他已經不想跟我有任何交流了，也不想理我了。他坐在客廳裡什麼也不說，就只是悶著頭看電視、發呆，整個人無精打采的樣子。

後來，我只好自己先去睡了。半小時之後，他才爬上床，今天他一直都在想別的事。他的心思根本不在我這裡！我好心痛。

我決定跟他好好地談一談，但是他居然睡著了！

我只好躺在他身邊默默地流淚。我現在非常地確定，他肯定是有別的女人了。我的天塌下來了。天哪！我真不知道我活著還有什麼意義。

男孩的日記則寫著：

氣死我了！

今天的球賽義大利隊居然輸了！

我完全沒心情和女朋友說話了。

我們是自己命運的巫師

改變自己很痛苦，但不改變就吃苦。
斬斷自己的退路，才能贏得出路。

世界如何，取決於我們怎麼去看。王陽明說：「聖人之道，吾性自足。」也是同一個道理。每個人的人生都只能自給自足，也完全可以自給自足。我們不是父母的續篇，也不是子女的前傳，更不是朋友的番外篇。我們彼此確實有交集，但交集並不意味著別人的生活就是我們的生活。

我認識一個女孩，不滿於自己的生活現狀，不知聽信了誰的推薦，她花了幾萬塊錢去聽了各種的培訓課，然後得意揚揚地來告訴我：「某大師說，父母是我的福根，如果我對他們好，我就有福報……」

我聽了不知道如何回答。如果把孝順父母當作換取福報的條件，那麼這樣的孝是交易，而不是真正意義上的孝。我本來想告訴她真正可靠的知識，好讓她有一點獨立思考的意識，但是她又滔滔不絕地講起姻緣，可能她連姻緣是什麼都不知道。看著她偏執的樣子，我放棄了自己的想法。我說了她未必願意聽，聽了未必懂，懂了未必願意相信。只要她還是一心向外尋求改變自己現狀的方法，她就會拒絕承認，父母有父母的人生，我們有我們的人生。

在真相未被揭露之前，我們看到的不過是生活被誤讀的某些片斷。人生的有限性和生命的無限不循環性，讓我們奢求在最短暫的時間裡獲得最大的利益和快樂，所以，滾滾紅塵便上演了一幕幕悲喜的人生大戲……

遭遇一件事時，你怎麼看決定了你會成為什麼樣的人。有一個男人，他活得艱難而無知，娶了一個不懂得說話技巧的勤勞女人。在他幼年時，父親得病去世了，母親是一個舊時代的普通婦女，沒有人教他該如何去爭取幸福，所以他一味地從外界尋求價值。當他面臨生存危機的時候，他不是想著怎麼去化解，而是固執地認為這一切都是天意弄人，而打老婆變成了他彰顯自我存在感的慣用伎倆；需要真實勇氣面對現實世界的時候，他又唯唯諾諾、戰戰兢兢。

他活在自己的慣性思維裡，無奈地活著，被動地活著，從來沒有想過可以改變自己，擺脫困境。他在自己構建的世界裡受罪，卻指望別人提供他解脫的方法。這就好比一個囚徒，將自己反鎖在監獄裡，然後指望外面有人開門解救他，有可能嗎？

對總想借助外力解決問題的人來說，**改變自己很痛苦，但不改變自己會吃苦。害怕改變幾乎是我們每個人的心理疾病，慣性的心理模式讓我們感到安全。**而安全感讓我們感到舒適，讓我們想停留在舒適圈裡。而改變則意味著我們要走出心靈舒適區。

為什麼我們走出心靈舒適區那麼難？原因不外乎如下。

對改變的可能性有著不確定的恐懼。這一類的人多半意志薄弱，他們有自知之明，很清楚自己的弱點。比如，辦公室裡有很多這種，因為對改變恐懼，所以他們安於現狀，碌碌無為。任何工作都需要主管一而再地交代，才勉強去完成，拖延是他們的常態，思維的惰性是他們的特點。歸根究柢，用拖延證明他們的無能為力。

有改變的結果不確定的恐懼。因為不知道改變的結果是不是自己想要的，出於保險意識，他們認為與其得到一個自己不想要的結果，不如安於現狀，至少他們已經適應了現狀。

儘管如此，我們還是要設法改變自己。人生中沒有什麼事是不能面對的。不走出去，永遠不知道自己可以走多遠；不去努力，永遠不會知道自己的能力。**也許，斬斷自己的退路，才能贏得更好的出路。**

出身不好，長相不好，學歷不好，都不是我們看輕自己的理由。生存環境不好不是我們的錯，活得不好才是我們的錯。要用隨時敢於拚搏的決心，撐起隨時敢做敢當的底氣。如果你在最璀璨的時刻都不敢拚一把，基本上等於白活一回。如果，你總是對自己那麼寬容，你總是對自己那麼仁慈，你總是對自己那麼善良，結果你就會活成那個連你自己都不滿意的自己。

你不知道你心中還有住了一個小孩，是你這個慈母一手造就了那個敗兒。慈悲多禍害，對自己狠心一點吧，不要害怕改變，沒有什麼惡果、苦果是自己真的無法承擔的。

我們理解中的改變世界，是一種全面掌握世界的操控欲。其實，我們每天都在改變世界。只是我們讓世界發生的改變，沒有達到自己期待的程度罷了。每個人都是組成社會的一分子，一個分子的一丁點變化，就會讓世界和之前不一樣。我們無法按自己的意志隨心所欲地操控世界，但我們可以為了讓世界變得更美好而改變自己。我們多想改變這個世界，就得先改變自己。

人生的價值與意義都是我們自己賦予，其他任何人強加予我們的都不是我們的人生，而是別人的人生。要想知道人生為何，只有問問我們自己的內心，心之所至，就是我們人生的方向，不要用別人的標準要求自己，否則我們永遠是舞臺上的演員，用一生的時間去演繹別人。我們不必做操控世界的夢，但也永遠不要被他人操控，而是要為自己而活。

我們不能指望操控世界，但我們必須操控自己，而不是任自己的人生被他人操控。沒有一個人的存在，是為了完成別人的使命；沒有一個人的存在，是為了過別人的人生。我們每一個人與生俱來的本能是完成自己的使命，過自己的人生。所以，除了我們自己，沒有其他人有責任為了我們的意志而改變，也沒有其他人可以替我們而活。如果我們想做任何改變，請你記得是為了自己而改變。

我們是自己命運的巫師，你可以從以下幾點做起。

第一，學會自嘲。人際交往中，言語方式裡的自嘲，是與他人相處的好方式。

第二，學會思考。每一種讓自己不舒服的性格，都對應一個你內在本質的弱點，想清楚了，自然就知道如何去做。

第三，把心胸撐起來。做自己，不依賴環境，真正做自己才是真正的獨立。

我們可以構建一個想像中的世界，然後在現實中讓這個幻想實現。如果你整天想著你的不滿或痛苦，你的世界就會非常殘忍。如果你想的是綿延細密的感恩，那麼你的世界就充滿了快樂。我們所能擁有的不在未來，而在這個一直不斷消逝的現在。真正的幸福則是無論老天給什麼，我們都能報以享受和感恩之心時，才會真正的擁有。

生命有意義嗎？其實，原本沒有什麼意義，每一個人來到世間停留一段時光之後，又無奈地離去，各自在各自的生活裡燦爛，留下的也許是奉獻，也許是傷害。如果我們不能賦予生命意義，那麼生命就只是一個幻滅的過程；如果我們願意賦予生命意義，這段過程，對我們而言，才是有意義的。

既然人生就是一個過程，生命的逝去也是一種必然，不如好好地在這段有限的時光裡努力做點什麼。沒有永恆的存在，世界才如此千變萬化；沒有永恆的存在，生活才那麼多姿多彩。既然如此，又何必害怕改變呢？

你當堅強，而且善良

你沒有成為一個惡人，那就是你內心最堅定的善良。

瑪莉．班尼是一位乖巧的小女孩。有一天她寫了一封信給《芝加哥論壇》，因為她實在不明白，為什麼她每天幫媽媽把烤好的甜餅端到餐桌上，得到的卻只是一句「好孩子」的誇獎，而那個什麼都不做、只知道搗亂的弟弟，得到的卻是一個甜餅的獎勵。

瑪莉在信裡提問：「請問上帝，這樣是公平的嗎？」

她得到的回答是：「上帝讓你變成了一個好孩子，那就是對你最好的獎賞。」

直到現在，也常會有人問，善良有什麼用？世界公平嗎？我是不是可以選擇不善良？基於同樣的道理，我想說的是，如果你的世界充滿冷漠，無法躲避的惡圍繞在你身邊，你需要的不僅是堅強，還有心懷善良。**因為你沒有成為一個惡人，那就是你內心最堅定的善良。這也正是你人生最大的福報。**

某天晚上，我下班回家，走至地鐵站安檢處時，一個看上去不到二十歲的小男生湊了上來，說：「請問一下……」

見他口氣猶豫，我心中一下子閃出無數個念頭來：這個男生，不是騙子就是想跟我要錢。他可能會說我有明星臉，拐我去某個地方，然後騙我掏錢付攝影費；他也可能掏出一塊亮晶晶的石頭，告訴我他從老家帶來了一塊好玉，現在他遇到困難了，想便宜賣了換現金；他還可能說他迷路了，要我幫忙帶路，然後再裝作錢包丟了，跟我要點路費。我還想說我應該一馬當先揭穿他的騙局，然後扭頭就走。

這樣無數個有邏輯又合乎常理的行為判斷與道德評價，瞬間在我心頭匯成了千言萬語，只要他使出任何一個伎倆，我就準備好毫不猶豫地拒絕，然後給他上一堂難忘的人生課，再瀟灑地離去。

「我……想……想請問……」他看著我的眼睛，似乎感覺到了我的防備心，變得吞吞吐吐起來，聲音模糊不清。費了老大的勁我才聽明白，他問地鐵一號線怎麼走。

幹壞事的人通常就像這樣底氣不足，打著問路的名義行招謠撞騙的事我也見過不少。男孩的遲疑更加重了我的懷疑。我打量了這個小男生一眼，容貌還算清秀端正，我本來想回答他「不知道」，這樣省事省力。但見他怯生生的模樣，有一點可憐，我那時不好意思那麼兇，於是決定對他禮貌點。不過我對地鐵線路也不熟悉，加上當時腦子似乎短路了，竟然想了好久才回答。

「可以坐二號線去換車……」我說。

「那……怎麼……坐……」他結結巴巴的，這句話也說得好慢。也許是我臉上的不耐煩嚇著他了，以至於他看起來有點害怕。

這下子，我有點煩了。這人怎麼回事？說話這麼慢！但他好像也不是惡意騙人的傢伙，我感覺他可能有點口吃。這麼一想，我心中的敵意少了很多。搞清楚他想問的是坐到哪裡換乘了之後，我告訴他，坐二號線到復興門再轉換乘一號線。

他禮貌道了謝，在我轉身要走的時候，又叫住了我。我心想，看吧，果然不是簡單的問路！這下子狐狸尾巴要露出來了吧！我倒要看看你究竟要使什麼伎倆！

只見他一臉認真且結結巴巴地說：「你是好人……心地很善良……」

我愣了一下。他眼神裡流露出來的真誠是那麼的純淨。

等我進站時，男孩已經消失在我的視野。不知道他是不是真的明白了二號線怎麼坐。我本來就近視，又不認識他，總之，看不見他了。這時，我心頭湧起一股強烈的內疚感。

我以懷疑的心去審視每一個人，總認為接近我的人都懷有某種目的。人家只是簡單地求助，我卻聯想到自己聽說過的與經歷過的種種事件，來揣測他的意圖……我本以為自己深諳世故，能看淡一切，卻沒有做到包容。

你是不是和我一樣，每天都在不遺餘力地猜測別人的想法？**善良的人，雖然有各種各樣的疑慮，但是不妨礙他們依然是那個容易被信任的人。**比如，那個靦腆男孩向我求助，而不是來來往往的其他人。雖然別人對你的行為多方猜想，但是你也不會帶給他人傷害，就像我雖然多疑，但還是願意為一個陌生人稍停下匆忙的腳步。我想，這已經是人性的勝利了。而更重要的是，**別輕易被內心的疑慮打敗，你當堅強，而且保持善良。**

對境臨事時，我們心中難免不由自主地生起種種的情緒以及聯想，會用以往的經驗做出各種的結論。結果深諳世故的人，會在猜測、揣摩他人的想法中惶惶不得安寧，最終卻發現其實世界並不像他認為的那般運轉。

比如，我上班精神恍惚時，恰好老闆路過，我見她一臉不高興的樣子，於是從她不高興的表情開始揣測：是不是我發呆被看見了？然後又想到自己好像有個工作做得不太好，於是更加重了疑慮，心想：想必她對我的工作非常不滿意，正在想怎麼罰我吧！帶著這樣的疑慮，我自然會惴惴不安。倘若我要是知道，老闆看起來不高興是因為她感冒了，身體有點不舒服，那麼我的猜測顯得多麼可笑！

又比如，在我得知老闆感冒之前，她發來訊息：「你過來我辦公室一下。」如果我

當時心情好，之前的工作也沒什麼差錯，我會猜想老闆是不是有事找我商量；如果我心裡有鬼，加上工作拖延，我就會很糾結，覺得老闆即使不是要罵我，一定是要催進度了；如果我的狀態糟到了極點，我還可能直接就將這條訊息理解為：完了，終於要找我攤牌了！

我想了這麼多，而訊息其實只有幾個字罷了，什麼資訊也沒有傳達。結果，我認為老闆要責備我，她卻是希望和我商量另外一件事的可行性；我以為她要懲罰我，她卻跟我說我們要一起怎麼努力；我以為她已經對我絕望了，她卻對我表示了寬容和鼓勵。

不必總是猜測他人的想法。每個人經歷的事都不一樣，每個人的需求都不一樣，我們不能代替他人思考，也無法代替他人感受。同樣，別人也無法代替我們思考，也無法代替我們感受。

所以我們得明白：無論你懷抱多大的善意，仍然會遭遇惡意；無論你懷抱多深的真誠，仍然會遭到猜疑；無論你的姿態多麼柔軟，仍然要面對刻薄；無論你多麼安靜，只想做自己，仍然有人按照他們的期待要求你；無論你多麼勇敢地敞開自己，仍然有人虛偽地對待你。接納這個事實，也許你可以放下計較，活得比較從容。即使我們會被誤解、被曲解、被冤枉，但也可以放下一切的不安，讓內心篤定。

無論如何，你的人生由你書寫，而不是別人。善良不善良，也不是屈從於他人，而是堅守你自己的選擇。

不要像你不喜歡的人那樣生活

我們必須在適當的時候講道理，在適當的時候做出反擊。

你有沒有試過期待後失望，再期待、又失望……之後，就不再那麼期待，也不再那麼失望了？於是你終於知道了，沒有期待就沒有失望，沒有羈絆就不會受傷。但是，事情往往不按著我們的預想發展，因為人的本能有著極強的慣性。

生命已是苦難，你為什麼還要把日子過得難上加難？也許有人說，我也不想這樣過日子，但不知道為什麼還是把日子過成了這個樣子。這是因為當我們的本能反應模式發生問題時，就會用自己不喜歡的方式，把生活過成自己不喜歡的樣子。

我將這樣的本能反應模式分為兩種。一種是簡單粗暴的直接反應，姑且稱之為感性本能；一種是「總是想太多」的理性反應，又稱為理性本能。很多時候，我們用的是感性本能，但這個本能過於機械化，並不能「具體情況具體分析」。

所以，當我們沒有馴化好感性本能時，我們會衝動；沒有馴化好理性本能時，我們會用委曲求全的方式，過著天天失望的生活。

比如，一條蜈蚣蜇了我，我打死了牠。對牠來說，我是力量較強者。如果有人踩了我一腳，我會很生氣，但頂多嘴上罵罵：「你是怎麼走路的，眼睛長在頭頂上啊？」透過比較我們不難發現：蜈蚣，力量較弱者，我不怕，所以可以直截就打死牠，以洩我被蜇之恨；踩我一腳的人，力量與我差不多，我沒有戰勝對方的把握，所以只能抱怨，不敢輕易攻擊。

若我不幸遇上一個持刀的人，一個力量更強的傢伙，我知道自己無法與他對抗，我若輕舉妄動的話，輕則受傷，重則丟了小命，所以，我得想辦法化解這個危機，甚至我會問自己究竟做錯了什麼事，以至於他要如此攻擊我。如果這個原因是我能理解的，我會跟他解釋誤會；如果這個原因不是誤會，我可能會和他商量怎樣彌補過失……

從我對弱者和強者的不同態度裡，可以看出我是一個「欺善怕惡」的人。這種欺善怕惡是一種良好的本能，它會讓我們在極端情況下迅速做出正確的行為判斷。我們不喜歡那些挑釁我們、令我們不愉快的弱者，會採取省事省心的處理方式，不用講什麼道理；面對我們根本無力對抗的強者，我們會努力化解危機，一切以滿足對方的需求為前提，也不用講道理，這樣省心。

但在這個「軟硬」之間，還有一個中間地帶是既不省事也不省心的，那就是力量和我們差不多的人。這時，在大多數情況下我們需要講道理，極少數的時候則需要反擊。

比如，一個長期遭受家暴的人，如果不敢正當防衛，就會一輩子深陷暴力傷害。如果被害者反擊個一次兩次都沒有效果，我建議最好的方法是求助法律或者離開對方。但是多數人選擇互暴粗口。在這個中間地帶裡，你我相互依賴，所以不能離開。你我的力量並無大的差異，誰都沒有能力占據絕對優勢，所以我們互相攻擊，從此冤冤相報，沒完沒了。

如果你攻擊的都是比自己弱的人，你只是欺善怕惡，這樣你還會覺得攻擊是理所當然的嗎？你生氣的是，雖然你攻擊的是比你弱小的人，但你也得到了同等程度的反擊，受到了同等程度的傷害。所以你不甘心，又繼續攻擊，想以暴制暴，於是你的世界都處於攻擊與反擊。

你的**以暴制暴不能解決問題**，這個方式用在與你能力差不多的人身上沒有作用，因為他們有能力反擊，不一定贏你，卻足以讓你受傷。你們相互傷害，唯一的結果就是兩敗俱傷。要避免這種後果是主動停止傷害，別人就不會再攻擊你。

我看過一個有內涵的策略遊戲。

在這個遊戲裡，A、B、C三人必須決鬥，三人分別站在邊長為一公尺的正三角形的頂點上，每人手裡拿著一把裝有一發子彈的槍，每個人都是神槍手。三人同時開槍，如果你是其中的一人，請問你要怎麼做，才能保證自己可以存活下來？

比如：A和B都打C，但如此一來，C必然反擊A和B，無論是誰，都只有一半的存活機會。

也許你還在想其他可行性策略，但正確的答案是，迅速放下槍。比如我是A，我放下了槍，我便不會對B和C造成傷害，能傷害他們的是有槍的人，所以他們要防備另一個人，而我則安然無恙。前提是我得主動放下槍。

我們想要不受傷，聰明的辦法是主動放棄攻擊。別人覺得你無害，就不會害你。這也是善良的人更容易被信任的原因。有意識地主動停止攻擊或進行本能性自衛反擊，來終止那個相互傷害的惡性循環。聰明的方法是建立對自身價值的正確認知，只有當自己特別認可自己時，我們才不會因為他人片面的判斷而懷疑自己的價值，不再因為一些無意識的自衛性反擊，傷害了他人而招致他人的傷害。

在人際關係方面，我們可以先以德報德，再慢慢地過渡到以直報怨，最後做到以德報怨。理解了整個世界的你，會擁有堅不可摧的強大內心，從此自帶光環，讓感知到你善意的人，湧到你身邊來，把更多的善意回報給你。

有所缺憾，才能走向更完美

缺憾是一種暗示，
它在暗示你應當在此基礎上做更多的努力。

有一天，跟一個朋友聊天，他是一位培訓師。

那天他很沮喪地說：「這次演講簡直糟糕透了。當我站在講臺上的時候，感覺自己簡直愚蠢到了極點。我沒有自信、膽怯，覺得自己很笨拙。可是，班上其他成員看起準備得很充分，非常有自信。這時，我更加害怕自己缺點會暴露出來，講到後來我實在沒有勇氣再繼續下去，最後滿頭大汗地將那節課撐了過去。」

每個人大概都有類似的經歷，如果要面對公眾做一些事，便會擔心自己的缺點暴露人前，而且自己身上不太要緊的細節會記得非常詳細，以至於擔心、害怕到不行。

為什麼大家老是把目光放在自己的缺點上呢？**一件事做不好，並不是因為你暴露了太多的缺點，而是沒有把優點發揮出來。**我們不應該老是盯著自己的缺點看，而不去發揮自己的優點。事實上，不管是普通人，還是在某領域有所建樹的成功人士，在他們身上以及成功的事情上，都存在著缺憾。

很多人常常將目光盯著自己的不足，在心中形成思維慣性。總認為自己有缺陷，這也不行，那也不行。久而久之，便失去了信心和創造力，沉浸在煩惱中無法自拔。

如果我們嘗試著做了一件有價值的事，卻遭遇了失敗，我們便為自己找各種藉口，這不就是在為自己的缺憾找藉口嗎？

缺憾，應當成為促使我們不斷向上的動力，而不是作為寬恕自己或自甘墮落的理由。**缺憾是一種暗示，它在暗示你在此基礎上應當做更多的努力。**

有一個乞丐來到一座庭院，向女主人乞討。這個乞丐的右手臂斷了，只剩下空空的袖子晃蕩著。可是女主人毫不客氣地指著門前的一堆磚塊，對乞丐說：「你幫我把這堆磚塊搬到屋子後面，我就給你二十元。」

乞丐生氣地說：「我只有一隻手，你還忍心叫我搬磚塊。不願給就不給，何必捉弄人呢？」女主人並不生氣，俯身搬起磚塊，她故意只用一隻手搬了一塊磚：「你看，並不是要兩隻手才能工作。眼睛別總盯著自己的不足，我能用一隻手搬磚，你為什麼不能呢？」

乞丐怔住了，他用異樣的目光看著眼前這位婦人。終於，他用唯一的手搬起磚來，整整搬了兩個小時才把磚塊搬完。他的頭髮被汗水濡濕了，貼在額頭上。

婦人遞給乞丐一條雪白的毛巾，又遞給乞丐二十元。乞丐接過錢，很感激地說：「謝謝你。」

婦人說：「這是你自己憑力氣賺的工錢，不用謝我。」

乞丐說：「我不會忘記你的，這條毛巾也留給我做個紀念吧。」說完，他深深地向婦人鞠了躬，就上路了。

若干年後，一個很體面的人來到這座庭院。他西裝革履，氣度不凡，美中不足的是這個人只有一隻左手，右邊的袖子空蕩蕩的。這人俯下身用一隻獨手拉住有些老態的女主人說：「當年如果沒有你，我還是個乞丐，可是現在，我是一家公司的董事長了。」

老婦人說：「你不用謝我，你應該謝的人是自己。你之所以成功，是因為你沒有因為不足而煩惱，也沒有把目光鎖在你的缺點上。」

一個人不可能只有缺點，即使是乞丐。人人都有優點，只是有些人不善於發現，將自身的優點掩埋在缺點之下。**我們要試著去挖開缺點的那層厚厚的土，找尋優點的根。**

有時候人們一味讓自己躲藏在困難的背後，這是最不可取的態度。自卑感的滋生是因為我們動不動就被困難嚇倒。久而久之，也就沒有什麼敢做的事情了。

那麼，一個人應該在什麼時候坦然地面對自己的缺陷？如果你只有一條腿，你有必要勉為其難地要求自己做一名馬拉松運動員嗎？如果你沒有絕色出眾的容貌，也沒必要一定要參加選美大賽。

如果你在某些方面存在著不可更改的缺陷，就沒有必要和自己較勁，爭強好勝地拿自己的缺陷和別人的優勢比較。一個矮小的人想炫耀自己的體格，這是一件多麼愚蠢的事情。一個粗魯的婦人要勉強扮出嬌羞模樣、東施效顰，這是多麼可笑的事情。

同樣的，勇於承認自己在演說方面的缺陷，正是富蘭克林之所以能夠成為偉大人物的原因之一。

他說：「我是一個很糟糕的演講家。雖然我能順利的表達意思，但是我不善於以言辭動人，在用字遣詞方面，我常常要思考很久，也很難做到用詞得當。」

但是這並沒有讓他氣餒，為了彌補自己演說上的弱點，使別人信服，他採取了另一種辦法。他會用緩和的語氣提出議案，在保持平和的意見時，還能主動承認自己的不足。他明白，僅僅靠巧妙的言語很難得到勝利，反而正是他的弱點帶給他獲取支持的寶貴經驗。

可以替別人著想，但要為自己而活

Chapter 6

人生最遺憾的莫過於，
輕易地放棄了不該放棄的，
固執地堅持了不該堅持的。

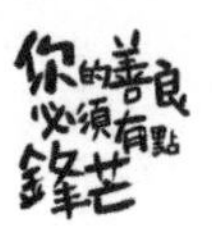

何必用疲憊的身心來取悅別人

傷害你的人從沒想過是為了讓你成長而傷害你，
真正讓你成長的是你的痛苦與反思。

我記得曾經看過這樣一段話：「不可以做朋友，因為彼此傷害過；不可以當敵人，因為曾經深愛過！」雖然我始終對這句話的邏輯抱持著懷疑的態度，但是我卻承認它確實對應了許多的現象。曾經多少有情人，最後只能做最熟悉的陌生人。

沒有一種愛是以傷害為目的，但是有很多的愛是以互相傷害為結局。很多時候，我們常常以為，對一個人的期待是愛，照顧一個人的生活是愛。所以，我們不斷地對某人產生期待，不斷地要求他按照我們想要的方式去活；更多的時候，為了強化我們的愛，就去做一些以為愛對方的事情，用身心俱疲的方式去取悅對方。

誠然，這也是愛的一種方式，但這種方式只是我們想給的。我們並不確定這種愛是否是對方想要的，甚至是否能感受得到。

情感需求的錯位，在父母和孩子的關係中最為典型。地鐵裡，一個滿頭大汗的孩子坐了下來，他想脫衣服，但是他母親生怕他著涼，於是拚命阻止他。雖然孩子一再地說熱，可是固執的母親卻說自己穿那麼多件都不熱，所以他也不會熱。而且大家都沒有脫外套，所以他也不可以脫外套。

這位母親無視孩子滿頭大汗的事實，只按照自己的方式強硬地表達對孩子的愛。多麼可憐的孩子啊！他受不了母親的壓制終於哭了起來，一邊哭一邊開始脫衣服。母親好說歹說，孩子就是不聽，她止不住怒吼：「你不知道脫掉衣服會著涼嗎？」她為自己的一片愛護之心不被孩子理解而生氣。

這位母親沒有想過，孩子有自己最真實的感受。一路走到地鐵，他自然會熱。母親雖然關心兒子，但她其實是出於害怕，害怕孩子著涼這件事，她只滿足了自己的需求，而不是滿足孩子的需求。

父母若愛孩子，就不要讓他按我們想要的方式來活，而是在盡可能地保護孩子安全的情況下，讓他成為他自己。這樣，他才會快樂。否則，我們的愛不是愛，而是打著愛的名義，讓愛變成一種傷害。於是你的蜜糖，變成了對方的砒霜。

這樣的情形，在戀人之間也很常見，你一味取悅他甚至為他付出一切，拚命要讓他高興，結果往往身心俱疲，然而事情卻沒能朝你預想的方向發展。你以為自己付出了對方就應該如何如何，其實是你沒有明白，**這個世界是一個或然率的世界，只有願意不願意，沒有所謂的應該不應該。**

每一個人能決定的只有自己的行為。你選擇在家做主婦、出門做貴婦，不是男友或老公愛你、疼你、給你錢花的理由。同樣，男友或老公愛你、疼你、給你錢花，也不是你必須要在家做主婦、出門做貴婦的理由。

我們的意志不受他人支配，我們也沒有資格支配任何人。如果有需要別人滿足的欲求，我們只能與他人協商以達成合作。我們不能期望對方「應該知道」自己需要的是梨子，所以在我們已經給了對方蘋果的時候，對方就應該回報我們以梨子。

人生的殘忍之處在於，我們只能在有限的選項裡進行選擇，並且承擔其任何變數帶來的或然性的後果。選擇了，就得承擔，如此而已。

曾經有一名女士向我訴苦說，當年男友太窮，所以她選擇分手，嫁給了一個富人。不料婚後她發現丈夫生性頑劣，不僅喜歡尋花問柳，還時不時對她拳腳相向。由於自己沒有獨立生活能力，所以沒有勇氣選擇離開，日子過得苦不堪言，每天想辦法討好丈夫，生怕哪一點沒做好引起他的不快。然後，她得知前男友後來也結了婚，沒過幾年，因為他勤奮機靈，生意越做越大，竟成了當地少有的富戶，比她夫家還要有錢。她很為當初的選擇後悔。

我只能勸她，請她明白，任何事情都有任何可能。前男友離開她發達了，這是一種可能；對方也可能遇上災禍，殘疾或死去。若那樣的話，她是否要慶倖當初沒有嫁給對方？正如她嫁給富家公子，也有很多可能。對方愛她、惜她是一種可能，對方不尊重她、看不起她、對她拳腳相向，也是一種可能。**一切都是個人選擇的結果。而她之所以痛苦，是因為她將所有的依靠建立在外界的給予，而非內在的追求。**

《智慧書》裡講得非常好：「當你談論自己時，若不是為虛榮而自誇，就是因為自卑而自責，你會失去對自己的正確判斷，也會為他人所不齒。」

我想，所有關係中已經得知自己處於不對等地位的人，都應該好好地思考一個問題，那就是你是否看清了在這段關係裡彼此想要的究竟是什麼。不然，請你停止用疲憊的身心取悅他人，**別讓你的愛成為傷害，也別讓他人以愛的名義來傷害你。**

做你自己，最好！因為傷害你的人從沒想過是為了讓你成長而傷害你，真正讓你成長的是你的痛苦與反思。而經歷本身也並沒有任何正面意義，讓它變得有意義的是你的堅強。

做人要懂得留一點愛給自己

你可以不成功，但你不能不成長。
最後最好的狀態是，你懂得如何愛自己。

支撐偉大的，往往是那些不為人知的困難、艱苦、掙扎等瑣碎的細節。正如，遠征之路看上去宏偉、美好、蜿蜒迤邐，那一路塵沙氤氳，揚起的似乎是如詩般瑰麗浪漫、如畫般色彩斑斕的前程，腳下所踩的是大地母親支撐我們追求理想的黃土，遠處還有豔陽，還有彩虹。

但是當我們走上這段路之後才發現，每一步路都要我們身體力行用腳去丈量，於是蜿蜒迤邐變成了崎嶇坎坷，塵沙氤氳變成了風塵僕僕，黃土變成了滿路泥濘，豔陽雖好卻酷熱難耐，彩虹不知道會出現在遠方何處，結果只留下風吹雨打的真實，不斷地抽著我們耳光。

直到這時，我們才算明白了一條真理，那些看上去波瀾壯闊的美好，實際上卻意味著背後可能有你看不見的大起大落。我們根本沒有想像中那般強大，我們也改變不了世界。「一開始，我們都相信，厲害的是自己；最後，我們無力地看清，強悍的是命運。」

有那麼些年，我們都不知道人生的意義是什麼，不知道自己活著是為了什麼，也不知道如何才能在一片迷茫中，找出屬於自己的那條路。

我相信不管是誰，都有過這樣一段迷惘的時光。我們總是想倚靠少少的努力就改變整個世界，我們終將發現生活本身是一個簡單又複雜的矛盾綜合體，它根本不可能說改變就能改變。那時，我們開始反省自己，然後承認被打敗了，但是我們依然不想接受被生活打敗的現實。

如果人生是用來被生活打敗的，我們為什麼還要苦苦努力？因此，你進入了迷惘期。**年輕時候的迷惘是一件好事**。它意味著，我們走出了父母的庇護，不再用父母的價值觀、世界觀和人生觀來看待問題，不再以滿足父母的期望為生活的意義，我們有了獨立思考的意識，有了想弄清自己和世界的願望。

迷惘一陣子也是一件好事，至少說明我們還有追求，還對生命的意義有追問。只要我們不懈努力，在錯誤中、在痛苦中反省自己，總還能找到屬於自己的那條路。

曾經有一個人，他身材矮小，樣貌醜陋，學歷也不高，畢業找工作的時候，被很多公司拒之門外。於是，他在自己心裡變成了一個無用的人，他沒有信心去應徵，只能靠政府的救濟金度日。

時值美國經濟大蕭條，上千名示威者聚集在美國紐約曼哈頓街口，他們高舉著標語，要求政府將更多的資源投入保障民生的專案。他參與了這場運動，連續兩週每天到曼哈頓參加抗議活動，希望借此改變自己的狀況。到了第三週，他甚至對父母說，他要帶帳篷長期堅守在那裡進行抗議活動。

父親聽了之後叫住了他：「你懂得維護自己的權益是值得肯定的，但是你忽視了一個關鍵。」

「我忽視了什麼？」

「抗議不會很快地從根本上改變你的現狀。你現在的狀況僅僅是社會分配不公引起的嗎？」父親問：「在就業問題上，你採取了積極的態度嗎？」

年輕人沉默了。

「老闆總會追求利潤，政治家耍手腕，金融風暴來襲，全球經濟發展漸緩，很多老闆就是喜歡聰明而有才氣的人……世界就是這樣在運轉，這很難改變。」

「那我該怎麼辦？」他問。

「孩子，振作起來，先做好自己再說吧。」

在父親的鼓勵下，他開始去找工作。很快地，一家影視公司看上他，請他做類型演員。後來，他成了美國西部當紅的喜劇明星。

他的故事告訴我們，**你可以不成功，但你不能不成長。也許有人會阻礙你成功，但沒有人會阻擋你成長。**最後能成就我們的並不是命運，而是我們自己。在任何一段關係當中，我們不僅要以善待人，更要善待自己。這是生活的智慧。

家住德州的麗茲．維拉斯奎茲，出生時就被發現得了一種極其罕見的怪病：她的身體無法儲存脂肪——得這種怪病的包括她在內，全球只有三個人。更糟的是，四歲時，她的一隻眼睛開始從褐色變成藍色，經過醫生診斷後才發現，她的這隻眼睛已經失明了。在父母的精心照顧下，她艱難地活了下來。

她每天不得不吃很多頓飯，每隔十幾分鐘就要吃一餐。即使這樣，直到二十多歲，她的身高也只有一百五十七公分，體重只有二十五公斤，相當於一個美國八歲女童的體重。因為身體的脂肪近乎為零，她的體型乾癟，被人嘲笑為「骷髏女孩」。

十七歲那年，她流覽網頁時意外地發現 YouTube 上《世上最醜的女人》視頻，原來有好事之徒悄悄地將她拍攝下來上傳到網路上。更令人傷心的是，影片的點擊率竟然超過四百萬次。無數網民在視頻的評論中釋放語言暴力，甚至有人要她自殺離開這個世界……

可是她並沒有退縮，反而選擇勇敢地站出來迎擊這一切。儘管她骨瘦如柴、身體多病，還是積極參加學校的各種活動，並成為啦啦隊的隊員。後來，她決定將自己的親身經歷為弱勢群體爭取點什麼。於是，她拍攝了一部關於自己成長的紀錄片並開始到處演講。結果她的故事一下子風靡中國的互聯網，激勵了很多因為自卑而自暴自棄的年輕人，她出版了講述自己生命經歷的書，甚至在參與反欺凌的立法工作中，成功地遊說國會議員。

被千萬人譏笑的麗茲，是怎麼走出人生的低谷找回了自信的呢？在幾年之前，麗茲寫了一個「愛自己」清單，她在清單上寫下了所有的優點，無論是身體上的，還是性格上的。她把清單貼在浴室的鏡子上，以便每天都能看到它，直到自己相信這些文字。每次她質疑自己的時候，首先會想到這個清單，想起「我的確有可愛的地方」。慢慢地，她不再困擾於別人的質疑。

「你必須完全自信地意識到愛自己就足夠了，」麗茲說：「你不需要用別人的標準來衡量自己，你不需要像別人一樣胖或者一樣瘦，不需要拿自己和別人比較。你需要的只是做自己。每個人都是無可替代的，每個人都有可愛的地方。」

什麼事情都需要一個過程，你應該堅強地面對一切，但你也有權不委曲自己，到最後達到的最好狀態大概是，你懂得了如何愛自己。那時，你不再犧牲所有的時間和精力，去打拚別人眼中輝煌的未來，而是在當下努力去做自己喜歡做的和有趣的事情，讓自己的內心充盈著喜悅，讓現在的每一天，都以自己喜愛的方式度過。

成長的道路是用接踵而來的心靈掙扎，和無數次淚流滿面後的覺悟鋪就。其中，有蛻殼的痛，有忍受不被理解、不被接受，不斷地砍掉自己身上的刺的痛。天下唯一能不勞而獲的東西是貧窮，沒有一種苦難不是成長的營養劑，也沒有一種成長不是在告訴我們，你可以過得更好。

無畏付出，不無謂付出

人生最遺憾的，
莫過於輕易地放棄了不該放棄的，
固執地堅持了不該堅持的。

年輕的女孩們，你們是不是都有過這樣的感覺：談了戀愛，心情極纏綿，思念中夾著怨嗔，急切中帶著羞怯，甜蜜中藏著苦惱。而對方卻又很難體察你的情緒奧祕，因為缺乏細心與耐心，或是諸事繁雜，既不能及時回應你愛的需求，也不能天天陪著你，於是你動不動就懷疑：「他是不是不想理我了？」動不動就想問：「你是不是不喜歡我了？」

然後，你開始無理取鬧，非要逼問出一個清楚明白，或你隱忍著不去打擾對方，卻常常忍不到一天就崩潰了。理性一點的人或許能堅持得更久些，但沒幾個能做到一兩個月都不問對方究竟還愛不愛我，究竟有多愛我。然後在得到一點點口頭上的保證之後，便可以幸福半天。也許半天之後，又要開始追問了。

若是他回應熱烈，你便天天心花怒放。若是他回應不熱烈，你馬上又進入自我否定思維：我要是長得再漂亮一點，他可能就更在乎了；我要是沒有什麼戀愛史，他可能就更在乎我了。結果，往往讓自己陷入更深的煩惱，每天問著自己：「我那麼愛他，為什麼……」

有一些人動不動就怨天尤人：「我為他付出了一切，為什麼他要這樣對我？」這些付出者並不知道自己的付出是不是人家想要的，也不知道這種付出並沒有回報協議，別人可以接受，也是一個願打一個願挨。

這種所謂的付出不好量化，付出者往往高估了自己的付出，而接受者則低估了自己所得到的。一個漫天要價，一個就地還錢，恐怕沒多少人覺得自己只付出了一點點，卻得到了更多。

多少人格不獨立的婆婆，打著照顧孩子的名義，而強行和兒子媳婦住在一起，弄得小家庭雞飛狗跳；多少索求無度的孩子，毀了父母的晚年生活！如果我們真的閒極無聊，請尋找適合自己的休閒和娛樂活動，不要去摻和孩子的生活；如果我們真的羨慕別人的富有安逸，請尋找適合自己的事業和工作，不要去折騰父母。

我們不能一味地付出為孩子撐起他的人生，也不能等父母或另一半為自己的人生付出。為孩子付出，會讓孩子失去獨立生活的能力；等著父母的付出，我們就無法成長。

從本質上來說，等著別人付出的人面對生活往往有許多恐懼，因而膽小、懦弱，沒有承擔力，他們會輕易將自己交出，讓他人掌控自己的人生。如果我們總想為他人付出，便可能失去自我，淪為一個不斷幫別人收拾爛攤子的濫好人。

同樣地，我們不能靠付出來成就伴侶的人生，也不能為朋友或家人無謂地付出自己的人生。多少女人因為輕易交出自己，等待一個男人一輩子，無謂地付出了自己的青春，得到的卻是始亂終棄。又有多少男人執著地為愛人付出，然後理直氣壯地控制愛人的生活，一步步把她逼上了背棄之路！

每一個人都只能為自己的人生負責，我們所做的每一件事，都得承擔它可能帶來的結果。**無謂的付出在別人看來如果只是負累，我們又如何能期待得到相對的回報？我們不畏付出，但不無謂付出。**

摒棄為他人付出來換取尊重和回報的意識，其實就是要求我們接納別人與自己的不同，尊重彼此的獨立；摒棄要求他人為我們付出的思想，其實就是減少我們對他人的依賴，不再覺得別人為我們付出是「應該的」，更有助於在彼此的關係中獲得感恩之情。

做自己，別讓世界改變你

人可以死在自己的夢裡，
但不能死在別人的嘴裡！

有人說，別人潑在你身上的冷水，你應該燒開了潑回去。但是善良的人，回答則不一樣：「我願意做一個像石灰的人，別人潑冷水，人生越沸騰！」

生活中常有這樣的人，無論你做什麼，他都喜歡給你潑冷水，都覺得不行、不好、行不通，但他自己去做，卻什麼都做不好。也許濫用語言暴力是他證明存在感的手段，所以他時時都在傷害別人，然後也被別人的反擊傷害著。

我參加一個專案研討會，看到兩個同事極為用心做了幾個企劃案。若我們從他們考察市場的角度和企劃的費心費力度來看，便會承認那些都是應該被尊重的勞動成果，即使它們可能還不夠完美，可能還需要繼續加強。但是，卻有些同事，完全不看人家列出可行性提案的內容，不看人家在市場分析上花費的功夫，連企劃內容是什麼都沒有認真

看，便開始各種批評。

連小河都沒見過的人，卻擺出一副曾經滄海的姿態。那些批判聽起來那麼牽強附會，毫無邏輯。我真的很想說，人家努力去思考、去企劃，去發表了，儘管它可能不合適，但拜託各位同事大大，你們好歹先弄清楚提案人的意圖，看一下人家的方案再批判，好嗎？

看著那些認真思考過、認真做事的同事，我心裡真不是滋味。我不是說討論一個重大企劃時，與會的人不可以發表意見，而是說我們發表意見時，不要帶著情緒和個人好惡的標準去評判。一個從來沒有吃過蜂蜜的人，是沒有資格說什麼樣的蜂蜜才好吃，也不能因為自己不喜歡蜂蜜，就武斷地認為蜂蜜沒有市場。

有很長一段時間，我都在想一個問題：為什麼我們總是那麼喜歡粗暴、簡單地否定他人，動不動就用偏激、甚至刻薄的話去傷害別人，而我們卻感覺自己非常有理？為什麼我們胡亂批判別人、傷害別人時沒有絲毫內疚感？產生這種自負心理最深層的原因是什麼？

很多事情，只有把它的前因後果徹底聯繫起來，我們才能看出最根本的問題。拿上述案例來說，判斷一個企劃案是否具有可行性，我們不能不看內容，而只憑匆匆掃過標題就全盤否定。

這裡有兩個很重要的行為暴露出了其根本心理：不看內容——因為那是別人的企劃，隱蔽心理是把不想關心別人當成對別人的企劃沒興趣；全盤否定——不想為別人的企劃費心判斷，其隱蔽心理主要是不想去肯定別人的價值，所以全盤否定，一來比較省事，二來顯得自己有價值。

我想說，**如果有人看不起你，不是因為他真的比你強，而是他不想去發現你的價值**。每一個人都只關心自己的價值，所以我們才會產生那些莫名其妙的自負心理。一個人之所以驕傲，之所以看不起人，只不過是漠視他人的價值，眼裡只看得見自己，和個人能力無關，和我們被看不起也無關。別把他人的冷漠，與自己的無能畫上等號。

別人的評價與我們的實際價值無關。人生命運的真相就是，命運一半在你手裡，另一半在上天手裡，你要用自己手裡的一半去贏得上天手中的另一半。悲觀失望、抱怨命運的時候，不要忘了你的手裡握有一半的命運。得意忘形、志得意滿的時候，不要忘了另一半的命運在上天手裡。我們都要與他人合作，所有要求你關心的人，都和你有關。

當然，別人的自私冷漠是一件你沒有辦法掌控的事，我們只能自己去感受世界，也只能知道自己最需要的是什麼。我們時時為自己的感受而奔忙，分不出多餘的時間去關心他人。

古希臘哲學家普羅泰戈拉說：「人是萬物的尺度。」我總覺得那句話的正確譯文

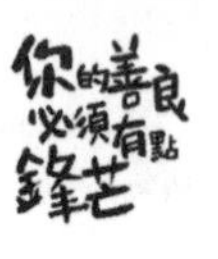

是：「每一個人都以他自己的喜好作為判斷萬物的標準。」這也是沒有辦法的事，因為我們只能用自己的主觀感受去評價這個世界，去描述這個世界，得出只有自己才完全相信的結論。

由於天賦、生活環境的不同，每個人的認知能力都不一樣，所以每個人的自以為是都不同，所以才讓某些人那麼難以被他人認可。但這不是我們可以待人冷漠、粗暴的理由，我們不能只關注自己，還要關注和自己相關的一切。因為依賴彼此的相互合作，所以我們需要在意別人眼中的自己是什麼模樣；因為每個人的看法不一樣，所以我們不能太在意他人的看法。

我看過這樣的一句話：**「人可以死在自己的夢裡，但不能死在別人的嘴裡！」**我非常贊同。我們之所以奮鬥，不是為了改變世界，而是為了不讓世界改變我們。我們能以讓自己舒服的方式行走在這個世界上，這就是我們應有的生活。

以世俗觀念來說，同事小李算是高攀了。出身農村的小李，嫁了一個有好幾棟房子的有錢人，幸福得不得了。私底下，大家都想向她請教馭夫之術。在我們的一再追問下，小李道出了祕密：「女人在婚姻裡，最主要的難題是面對婆婆。你不可以軟弱，軟弱就受一輩子氣；你不可以逞強，逞強會傷害心愛的丈夫。」

小李在老公大陳結婚時就明智地達成了以下協定：無論如何，大陳都要站在小李這邊；無論如何，小李都不會向大陳抱怨婆婆的刁難；無論婆婆怎麼抱怨小李的不是，大陳都不可以當真。

果然，富婆婆不是好惹的，結婚之前逼小李進行婚前財產公證，約定協議離婚要淨身出戶。結婚之後，雖然沒有和公婆一起住，但這個富婆婆總覺得小李耽誤了大陳的前程，所以每隔幾天就過去折騰小李。今天問小李一個月可以給多少生活費，明天又要求小李交出大陳的薪水單。

不過小李心中正能量滿滿，面對婆婆的刁難，她總是會說：「媽，我上週六在百貨裡看見一套好好看的衣服，很適合您的氣質，週末我陪您去買。」或者說：「媽，我聽說您二十幾歲的時候美得像天仙一樣，很多男孩追你，週末您有空的話，可以跟我來說說您的故事嗎？」

婆婆正面交鋒中奈何小李不得，便開始向大陳告狀，今天說她給我臉色看啦、明天說她太自私啦之類的。大陳聽得多了不免嘀咕，他小心翼翼地問小李：「我媽沒找你麻煩吧？」小李說：「怎麼會，媽很好啦，上週我陪她買了好幾套衣服，這週我聽了她講自己的愛情史。你別跟媽媽說喔，媽媽長得真漂亮。我乾脆給她辦張健身卡，週末陪她健身，這樣她能穿更多漂亮的衣服！」大陳半信半疑跟母親核實，母親只好坦白交代了。然後，大陳又轉述了小李的話，母親心裡開始不好意思起來。

後來因為一件事，母親明顯失理被大陳責怪，小李還說：「媽只是覺得她那種方式對我們最好，沒有想到可能不太適合我們。」叫大陳不要責備母親。慢慢地大陳發現，母親對小李的挑剔越來越少了。

小李沒有軟弱，也沒有逞強，而是綿裡藏針地解決了許多女性朋友的大難題。其實，**很多事不是我們做不到，而是我們放不低身段**。人心都是肉長的，婆婆也不難「對付」。只要不因一時的矛盾而自亂陣腳、失去理智，就可以不讓矛盾升級；只要學會打太極，就可以讓婆婆的力氣全打在棉花上。作為後輩的我們，應該學著理解婆婆在特殊環境下養成的不安全感，只要我們理解她們的心理需求，並恰當地去滿足這些需求，又怎麼會搞不定婆婆呢？

人與人之間唯一的衝突是價值觀的衝突，並沒有什麼難解的結，婆媳之間尤其如此。你若是不喜歡她做的飯，少吃幾口裝裝樣子，轉身出去悄悄買點喜歡吃的就好；你若是不喜歡聽她說的話，就左耳進右耳出，當自己是間歇性失聰就好；你若是不喜歡她教育孩子的方式，只要想想，那到底是她的親孫子，十個保姆也未必比她更值得放心。其實，很多事情都是這樣，只要你自己不覺得是問題，問題再大都不算是問題。

有時候，幸福需要智慧拐點彎。或許，你會覺得那樣去遷就別人，你很委曲。憑什麼要你主動犧牲這麼多，去換取一份本來就應該得到的安寧？如果心懷這樣的計較，只能說明你內心的力量太弱小，還欠缺足夠的調適力。這世上總是主動的人得到的更多。

主動是一種能力，主動終止傷害更是一種能力。你若不去主動終止傷害，必然會面對日後沒完沒了的彼此傷害。多少家庭，不都是因為雙方沒有終止彼此傷害的惡性循環，才分崩離析？

天下沒有免費的午餐，世間也沒有不需要主動去追尋的幸福，你若沒有主動終止傷害的能力，也不會具備享受幸福的能力。當然，主動終止的過程很艱難，我們不可能今天說改，明天一下子就改了，中間必然會有強烈的掙扎、壓抑，以及不甘。但是只要我們慢慢去做，我們就能學會接納，學會調適內心的憤怒，成為一個可以主動終止傷害、享受幸福生活的人。

我們活的都是自己的選擇

這一生太短了，我很自私，
不想僅僅過給別人看。
再微小的努力，
都會讓自己的人生變得更精彩一點。

人生的路，靠自己一步步走。真正能保護你的，是你自己的選擇。反過來，真正能傷害你的，也是自己的選擇。

那天和一個同事閒聊，不知怎麼就聊到了這樣的話題，然後她跟我講了一個故事。

我高中的時候在外地念書，本地學生有一個個小圈子，如果不融入，我會被孤立，所以我選擇委曲自己討好他們。可是不管我怎麼努力，就是有人看不慣，有人排擠你。

有一次，剛走進教室，我就發現有一個同學在翻我桌上的考卷，然後把我的考卷扔在地上。教室前面牆壁上黏了一張名單，那是我們的考試排名。我第一名，而她排在第二。後來，我連續幾次發現，她連同別人排擠我。後來每次考試完發考卷，不管我考得好不好，她總在背後諷刺我。而我裝作不知道，還想和她改善關係。後來，聽說老師在另一個班，拿我的作文當範文，她又到那個班的同學那裡，開始各種小動作，全是惡意中傷。現在回想起來，一個十幾歲的女孩子，為什麼會有這種惡，而那群念書也念得不錯的同學，怎麼也就相信了呢？

有一次我走在路上，聽到後面有人說我壞話，我本想裝作沒聽到，但是大概是那一刻頓悟了吧，我居然轉過頭質問她們。然後她們落荒而逃，據說回到教室還哭了。

不知道為什麼，那一刻，我突然覺得開心。後來又到考試發考卷的時候，同班那個女生又故意跑來譏諷我，說老師偏心才給我高分。我拉住她跟她說：「我現在是第一名，聯考也會是，你再怎麼不喜歡我，也考不過我呀。」她就哭著跑了出去，好久之後才回教室。

然後我自然就又被孤立了，同學都說我欺負人。可是我突然就想通了，隨便你們吧，反正你們去上你們的大學，我會去上我的大學，那時你們就再也煩不到我了。

整個高三，只有我吃胖了。聯考完那天老師突然叫住正準備跑出校門的我，看了我幾眼，淡淡地說：「你變胖了。」雖然那樣的場景很有喜感，但是當時，我突然就哭了，原來都是憋住的。大概是我發現這個世界，你再努力也會有人不喜歡你吧。所以，那一刻我做了一個決定，這一生太短了，我很自私，不想僅僅過給他們看。

生活如同戰場，到處都有破滅的夢想、支離破碎的希望，和殘缺的幻想。在生活的戰鬥中，很多人會傷痕累累，甚至會敗下陣來。然而，人終究活的是自己的選擇——**再微小的努力，都會讓自己的人生變得更精彩一點**。

不將就的人從不顧影自憐，從不自怨自艾，對那些沒有遭遇苦難的幸運兒，也沒有絲毫嫉妒之心。因為從生活的困苦中掙扎出來的人，擁有的是實實在在的生活。他們已滿飲生活這杯酒水，個中滋味自己深知。因為在年輕的時候，眼睛被淚水洗淨，所以有了廣闊的視野。

女作家桃樂絲說：「我比誰都相信努力奮鬥的意義，甚至懂得焦慮和失望的意義。我不會傷感，不為昔日的煩惱流淚。生活的艱難，讓我徹底接觸到了生活的方方面面。」

桃樂絲命運多舛，年輕時不但貧困，還患有嚴重的疾病。當人們問她是如何度過難關、成為著名的專欄作家時，她給了非常精彩的回答。

渡過了昨天，就能熬過今天，我不允許自己去猜測明天將會發生什麼事。我也學會了不要對他人產生過高的期望，這樣一來，無論是朋友對我不忠，還是有些閒言碎語，我都一笑置之，並且繼續與他們保持交往。除此之外，我還學會了幽默，因為令人哭笑不得的事情實在太多了。當一個女人遇到煩惱時，不僅不焦慮，反而能自我排解，那麼世界上就再也沒有任何不幸可以傷害她了。

對於人生的種種困苦，我從不覺得遺憾，因為透過那些困苦，我徹底瞭解了生活的每一面——這一點就值得我付出一切的代價。

要積極向上面對這個世界，絕不將就這個世界對你的吝嗇。與感傷相比，我們更需要積極奮鬥。唯有這樣，才能過好自己的生活。無論是你的生活、工作、學習，還是內心出了問題，都要相信自己能夠面對，這樣，所有事情才會變得井然有序。

在那些困苦的環境中，人更能學會寶貴的人生哲學，這是那些生活在舒適環境的人所學不到的。一個經歷了極度不幸的人，面對服務生服侍不周，或是廚師做壞了一道菜的小事，都會毫不在意。

不將就的人，不會怨天尤人，他們比誰都清楚，這個世界是不完美的，既然如此，不妨迎接挑戰，努力奮鬥。他們會珍惜當下的每一天，因為命運再悲慘，他們都可以透過自己的努力，扭轉不利局面。

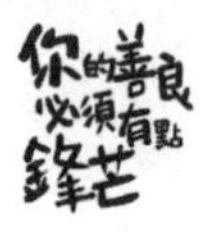

深諳世故卻不世故，才是成熟的善良

能被動接受現實，
也能主動堅守個人原則。
靜得下心，低得下頭。

有人問我，為什麼電視劇《歡樂頌》裡，樊勝美深諳人情世故卻混得那麼差，只能當一個辦公室老油條？

我想對於這個問題，我們先要稍微反思一下：我們認為的人情，站在另一個的角度是否還是人情？我們所說的深諳世故是不是就是萬事圓滑，或者忽略旁人的想法，按一貫的規則辦事？

前些日子我從朋友那裡聽到了一個故事。我這位朋友與自己的大學同學相遇了，多年不見，自然免不了一番噓寒問暖。在交談之後，她得知班上許多同學在事業上都取得了不小的成就。有的從政做了官，有的下海經商做了老闆，有的在公家機關裡挑大樑當主管。她猜想，這個同學一定也混得不錯，因為當年身為班長的他，學業優秀，說學逗唱樣樣精通，是一個極具才氣和能力的美男子。

但是這個同學聊到自己的現狀時，卻表示非常鬱悶。他畢業後奮鬥了十年，現在還是一個小職員，連他自己也覺得難以置信。以他的能力，無論在哪裡，應該都是數一數二的人物才對。最後他把自己的落魄歸咎於上司排擠他、不惜人才。

我的朋友不禁同情起她的同學，他真是懷才不遇。

半年後的某天，我朋友去參加省外的一個專題研討，其中有一位正好是她那個失意同學的上司。兩個陌生人自然以兩人都熟識的朋友做為交談內容。那位上司說：「他的確是不可多得的人才，然而他太好表現，一方面處處鋒芒畢露、逞強好勝，什麼事都要摻和；另一方面又是一個好好先生，遇事情從來不直接表明態度，事不關己時又不分對錯誰也不得罪。儘管如此，我還是十分欣賞他的才幹，好幾次想找機會提拔他，遺憾的是，每次投票他的得票都是最低的，我也沒有辦法。」

這時，我的朋友才明白，同學不得志，不是輸在能力上，而是輸在他的驕傲，和看似深諳世故做事、卻不成熟。因為他的業務能力強又好勝，無意間讓許多一起工作的同事受了氣，大家因為自尊心受傷而產生自衛反擊情緒，所以他在部門內不受歡迎。他本性不壞，為人好，但遇到其他部門的事，本著與人為善的心態，又一味地附和他人，顯

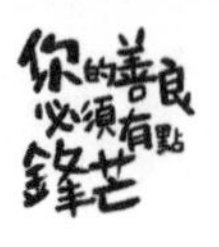

得很沒有原則，也沒留給別人好印象。

作為才子，作為一個意氣風發的青年，他自然有他自負的一面，又有他所謂「善良」的一面。隨著時間的推移之下，他給同事留下了一個世故又自大的形象，結果自然被大家排擠了。

不要覺得真的有那麼多人不懂人情世故，被歸在不懂人情世故裡的人當中，至少有一半只是不想玩這一套而已。**深刻地明白煩瑣世事，卻依然懷有赤子之心，能被動接受現實，也能主動堅守個人原則。這才是一種完美而睿智的處世哲學。**

我忽然想起一位歷史名人，這人以恃才傲物著稱，也因此而死，你或許知道我說的是誰。沒錯，就是楊修。

東漢建安二十四年，在曹操和蜀軍僵持不下之時，曹軍的主簿楊修因為「雞肋事件」丟了性命，成了「聰明反被聰明誤」的典型例子。其實，曹操並不是一個小氣之人，就拿張繡來說，當年張繡發動兵變殺了曹操的兒子和愛將典韋，後來又投降曹操，還是得到了曹操的禮遇。曹操連殺子之仇都可以諒解，為什麼就不原諒楊修，非要殺之而後快？答案是，楊修聰明過了頭。

曹操請人造一座花園，造好之後，曹操去看了一下，然後在門上寫上了個「活」字就走了，結果是「人皆不曉其意」。楊修卻說：「門內添活字，乃闊字也。丞相嫌園門闊耳。」大家都不明白曹操在想什麼，楊修一眼就看懂了字的含意，並且很得意地把祕密告訴了別人。

曹操為了防止別人暗害他，便說自己夢中喜歡殺人，讓大家不要在他睡著時接近，並裝模作樣地殺死了一個替自己蓋被子的近侍。結果「人人皆以為曹操夢中殺人」，而又只有楊修瞭解曹操的意圖，並對別人說：「丞相非在夢中，君乃在夢中耳。」

曹操想考查兒子曹丕、曹植的臨機處事能力，故意讓兩人出城，卻在暗中吩咐門吏不讓兩人出城。結果，曹丕老老實實地退回來了，而曹植卻在楊修的指點之下，殺了門吏，得以成功出城。楊修又再次料到了曹操的意圖。

歷事無數，閱人無數，卻看不清自己。似乎聰明得能看穿一切，然而本質上卻不諳人情世故，這是楊修的取死之道。曹操手下有才華的人不可勝數，像郭嘉、程昱、荀彧、賈詡，哪一個不是濟世之才？為什麼他們沒有被曹操妒而殺之？他們的深諳世故是真正的豁達，他們的勸諫是真正的融通。

深諳世故卻不世故，靜得下心，低得下頭，這才是成熟的智慧。

生活裡，很多時候和善良聯繫在一起的是單純，而且在某些情況下，「你太單純了」，等於「你太善良了」。你常常看不到壞人設下的陷阱，你的善良總是被利用，不單純的人們喜歡你的單純，卻又不希望你一次又一次地被欺騙。所以，你要明白這個世界的人情世故。

善良單純的人，給人簡單、真誠的感覺，容易被信任，雖然你的善良必須有點鋒芒，但也不能輕易施展自己的人情世故，否則你稍微走錯了一步，很可能更容易受傷。有些人會把算計和城府帶進生活和工作裡，有些人卻是對朋友、同事或者戀人，永遠保持著真心，他們不是不懂人情世故，不是不能而是不為，這是大善的智慧。

大衛．米切爾在小說《雲圖》（*Cloud Atlas*）中，有這麼一段話：「**我們所做的任何事情，在人類宏大的歷史和空間的範圍裡，都是微不足道的。但正是這些不計其數的微小的善的信念，使得人性的種子即使在最險惡的環境中，仍能得以保存，經過時空的洗禮，在未來的某個時間、某個世界，放射出最耀眼的光輝。**」

你、我，也正是這個世界成就自身偉大的要素之一，哪怕我們的善行看起來是那麼地微小。

HEART
心|視野　心視野系列 013

你的善良必須有點鋒芒

作　　者　慕顏歌
總 編 輯　何玉美
選 書 人　陳秀娟
主　　編　陳秀娟
封面設計　萬勝安
內文版型　曾瓊慧
內文排版　菩薩蠻數位文化有限公司

出版發行　采實出版集團
行銷企劃　黃文慧．陳詩婷
業務發行　林詩富．何學文．張世明．吳淑華．林坤蓉
會計行政　王雅蕙．李韶婉
法律顧問　第一國際法律事務所　余淑杏律師
電子信箱　acme@acmebook.com.tw
采實官網　www.acmebook.com.tw
采實文化粉絲團　http://www.facebook.com/acmebook

I S B N　978-986-94528-0-9
定　　價　280元
初版一刷　106 年 5 月
劃撥帳號　50148859
劃撥戶名　采實文化事業股份有限公司
104 台北市中山區建國北路二段 92 號 9 樓
電話：02-2518-5198
傳真：02-2518-2098

國家圖書館出版品預行編目資料

你的善良必須有點鋒芒 / 慕顏歌作. -- 初版. -- 臺北市：采實文化, 民106.05
面；　公分. -- (心視野系列；13)
ISBN 978-986-94528-0-9(平裝)

1.修身 2.生活指導

192.1　　106003009

版權所有，未經同意不得
重製、轉載、翻印

本書通過　四川一覽文化傳播廣告有限公司　代理，
經　北京文通天下圖書有限公司　授權出版中文繁體字版本。

「你當善良，且有力量。」

——中國・慕顏歌